지역인재
9급수습직원

최근 3개년 기출문제

PREFACE

취업불황의 경험으로 안정된 직장의 선호도가 높아지는 가운데 공무원시험의 경쟁률은 여전히 치열하다. 2013년부터는 9급 공무원시험에 고교과목이 추가되어 고교출신 인재의 공직 진출기회가 넓어졌다. 이와 함께 학교장이 추천한 우수 졸업(예정)자를 고교 및 전문대 졸업자 수습직원으로 선발하여 수습근무 후 일반직 9급으로 임용하는 지역인재 9급 수습직원에 대한 문호도 개방됐다.

본서는 공무원에 뜻이 있는 고교 및 전문대 졸업자 졸업(예정)자를 위한 지역인재 9급 수습직원 기출문제집이다. 그동안 시행된 지역인재 선발시험을 철저하게 분석하고 실력평가 모의고사를 수록하여 실전에 완벽하게 대비할 수 있도록 하였다.

기출문제 분석을 통해 출제경향을 파악하고 모의고사 문제풀이로 자신의 학습 달성도를 정확하게 분석 · 평가하여 완벽하게 마무리 할 수 있기를 바란다.

〉〉 선발예정 직렬과 담당업무 예시

① 선발예정 직렬(직류)과 인원 : 총 210명

직군	행정(160명)					기술(50명)									
직렬	행정		세무	관세	통계	공업			농업	임업	식품위생	시설		전산	방송통신
직류	일반행정	회계	세무	관세	통계	일반기계	전기	화공	일반농업	산림자원	식품위생	일반토목	건축	전산개발	전송기술
인원	113	15	25	5	2	10	8	7	3	3	1	1	4	5	8

② 담당업무 예시

선발직렬(직류)	담당업무(예시)
행정(일반행정)	행정 일반에 관한 업무, 국회, 성과, 법령, 예산 등
행정(회계)	결산조정분개, 원가계산 및 확정, 결산보고서 작성 등
세무(세무)	내국세의 부과·감면·징수, 국세심사청구 심판 등 조세 관련 업무
관세(관세)	수출·입 물품의 통관 및 밀수단속·조세범칙 사건의 조사, 심리 등
통계(통계)	경제·사회 관련 통계 작성·관리 및 표준분류 조사설계, 사회통계조사 및 분석 등
공업(일반기계)	수도·위생설비·계량기 등 각종 기계기구·기계설비에 관한 기술업무
공업(전기)	전력시설·전기공사·전기기기·전기용품 등의 전기기술 분야 업무
공업(화공)	무기 및 유기화학, 생화학, 분석화학 분야 운용에 관한 업무
시설(건축)	건설공사 안전관리, 품질관리, 공정관리 등 공사관리, 시설물 안전진단 및 유지보수
시설(일반토목)	도로, 교량, 철도, 상·하수도, 항만, 댐 등의 건설공사 및 농지개량 및 농지확대를 위한 조사·계획·설계·측량 제도와 공사·시공에 관한 전문적이고 기술적인 업무
방송통신(전송기술)	무선통신기술 전송시설의 설계·건설·유지보수 및 국가안보통신·민방공 회선의 운영과 장거리 통신업무에 관한 전문적이고 기술적인 업무
식품위생(식품위생)	수입, 판매 등이 금지된 식품 단속 및 식품업소 위생상태 관리
농업(일반농업)	식량증산, 비료의 제조, 채소 등 각종 농산물 생산 및 검사
임업(산림자원)	조림 및 육림, 우량종묘 공급 등 산림자원의 증식에 관한 업무
전산(전산개발)	행정업무의 전산화를 위한 계획 수립·조정, 분석·설계 및 프로그래밍 등

〉〉 수습공무원 선발개요

① 학교장이 우수한 졸업자 또는 졸업예정자를 인사혁신처에 추천
② 인사혁신처가 실시하는 필기시험, 서류전형, 면접시험을 통해 합격자 선발
③ 최종합격자는 6개월간의 수습근무를 거친 후 임용여부 심사를 거쳐 일반직 9급 국가공무원으로 임용(별도의 채용시험은 면제)

〉〉 학교의 추천

① **추천할 수 있는 학교** : 위 선발예정 직렬과 관련된 행정 · 기술 직군 관련 학과가 설치된 특성화고 · 마이스터고 등 초 · 중등교육법 제2조 제3호의 고등(기술)학교 또는 전문학사 학위과정이 개설된 고등교육법 제2조 각 호의 학교 및 특별법에 따라 설치된 학교(전문대학)
② **추천대상 자격요건** : 위 추천할 수 있는 학교의 선발공고된 직렬(직류)과 관련된 학과 과정을 이수한 졸업자(졸업일부터 최종시험예정일까지의 기간이 1년 이내인 자) 또는 졸업예정자로서 학과성적이 상위 30% 이내거나 평균석차등급이 3.0 이내인 사람
   ㉠ 선발공고된 직렬(직류)과 관련된 학과

직군	직렬	직류	관련 학과
행정	행정	일반행정	(고교) 상업정보계열 학과
		회계	
	세무	세무	
	관세	관세	
	통계	통계	
기술	공업	일반기계	(고교) 공업계열 학과 (전문대학) 직류 관련 학과
		전기	
		화공	
	농업	일반농업	(고교) 농생명산업계열 학과 (전문대학) 직류 관련 학과
	식품위행	식품위생	
	임업	산림자원	
	시설	건축	(고교) 공업계열 학과 (전문대학) 직류 관련 학과
		일반토목	
	방송통신	전송기술	
	전산	전산개발	

    ⓛ 졸업예정자 또는 졸업자
- 졸업예정자 : 고등학교는 3학년 1학기까지의 학사과정 이수자나 조기졸업 예정자, 전문대학은 졸업 학점의 3/4에 해당하는 학점을 취득한 사람으로서, 2020년 2월까지 졸업이 가능하여 수습근무에 차질이 없어야 함(만약 2020년 2월까지 졸업하지 못할 경우 합격의 효력이 상실됨)
- 졸업자 : 졸업일과 최종시험예정일 사이의 기간이 1년 이내인 사람

    ⓒ 학과성적
- 공통 : 추천일 현재 추천요건에 해당하는 수준의 학업과정 또는 학점을 이수·취득한 사람
- 고교 졸업자 및 졸업예정자 : 소속학과에서 이수한 모든 전문교과 과목의 성취도가 평균 B 이상이고 그 중 50% 이상의 과목에서 성취도가 A이며, 보통교과 평균석차등급이 3.5 이내인 사람
- 전문대학 졸업자 및 졸업예정자 : 졸업(예정) 석차비율이 소속학과의 상위 30% 이내인 사람

    ⓔ 응시가능 연령 : 17세 이상

    ⓜ 동일인은 1개의 학교에서만, 그리고 1개의 직렬(직류)에만 추천될 수 있음

    ⓑ 「국가공무원법」 제33조(결격사유)의 결격사유에 해당하거나, 「공무원임용시험령」 등 관계법령에 의하여 응시자격이 정지된 자는 추천될 수 없음

③ 추천 가능 인원
    ㉠ 학과별로 2017년 최종학년 해당학과 정원이 100명 이하이면 3명 이내, 101명 이상이면 4명 이내로 추천할 수 있음
    ㉡ 각 학교는 학과별 추천인원을 모두 합하여 7명 이내로 추천할 수 있음

〉〉 시험단계

① 필기시험

시험과목	출제유형	문항수	배점	배정시간
국어, 한국사, 영어	객관식	과목당 20문항	100점 만점 (문항당 5점)	과목당 20분

- 일반직 9급 공무원 시험과 비슷한 수준으로 출제
- 각 과목 만점의 40%이상 득점한 사람 중 선발예정인원의 150%의 범위에서 지역별 균형합격, 가산 특전을 적용한 시험성적 및 면접시험 응시자 수 등을 고려하여 고득점자 순으로 합격자를 결정
- 선발예정인원을 초과하여 동점자가 있을 때에는 그 동점자를 모두 합격자로 함. 이 경우 동점자의 계산은 소수점 이하 둘째자리까지 함

② 서류전형 : 필기시험 합격자에 한해 제출된 서류를 통해 추천자격 기준에 적합 여부를 서면으로 심사하여 적격 · 부적격 결정

③ 면접시험

　㉠ 직무수행에 필요한 능력과 적격성을 검증하기 위해 5개 평정요소에 대해 각각 상 · 중 · 하로 평정하여 불합격 기준에 해당하지 않는 사람 중 평정 성적이 우수한 사람 순으로 합격자를 결정

　㉡ **평정요소** : 공무원으로서의 정신자세, 전문지식과 그 응용능력, 의사표현의 정확성과 논리성, 예의 · 품행 및 성실성, 창의력 · 의지력 및 발전 가능성

④ 합격자 발표

　㉠ 합격자 발표는 사이버국가고시센터(http://gosi.kr)를 통해 공고

　㉡ 최종합격자가 수습근무를 포기하는 등의 사정으로 선발예정인원에 미달하는 때에는 수습근무 시작 전까지 추가로 합격자를 결정할 수 있음

　※ 그 밖의 상세한 내용에 대해서는 인사혁신처 예규인 균형인사지침이나 사이버국가고시센터 (http://gosi.kr) 등을 참고하거나 인사혁신처 균형인사과(☎ 044-201-8380, 8381)로 문의

STRUCTURE

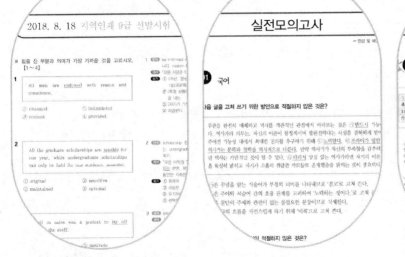

최근기출문제분석

2016~2018년 최근기출문제분석
을 수록하여 시험 출제 경향을
확실하게 파악할 수 있습니다.

실전모의고사

자신의 실력을 점검해 볼 수 있
도록 모의고사를 수록하여 최종
마무리까지 책임집니다.

정답 및 해설

수험생 혼자서도 효율적인 학습
이 가능하도록 상세한 해설을 수
록하였습니다.

CONTENTS

국어

1 밑줄 친 부분의 문맥적 의미로 적절하지 않은 것은?

① 우리는 주인이 내온 저녁상에 <u>입이 벌어졌다</u>. (매우 놀라다)

② 이 가게에는 그녀의 <u>눈에 차는</u> 물건이 없는 것 같다. (마음에 들다)

③ 그녀는 <u>손이 재기</u>로 유명해서 잔치마다 불려 다닌다. (일 처리가 빠르다)

④ 나는 동생이 혼자 그 많은 일을 다 해서 <u>혀를 내둘렀다</u>. (안쓰러워하다)

2 '사다'의 활용형이 들어가기에 적절하지 않은 것은?

① 친구한테 싼값으로 책을 (   ).

② 그는 승진 턱을 (   ) 모두에게 저녁을 대접했다.

③ 나는 위험한 짓을 (   ) 하려는 그에게 화가 나서 견딜 수가 없었다.

④ 기성 권위에 대한 참신한 도전이라는 점에서 그의 행동을 높이 (   ) 싶다.

3 외래어 표기법에 어긋나는 것은?

① leadership – 리더십

② concept – 콘셉트

③ accessory – 액세사리

④ workshop – 워크숍

---

1 신체와 관련된 관용구의 의미에 대해 묻는 문제이다.

④ 혀를 내두르다 : 몹시 놀라거나 어이없어서 말을 못하다.

① 입이 (딱) 벌어지다 : 매우 놀라거나 좋아하다.

② 눈에 차다 : 흡족하게 마음에 들다.

③ 손이 재다(= 손이 빠르다) : 일 처리가 빠르다.

2 '사다'가 가지는 다양한 의미를 알고 적절하게 활용할 수 있어야 한다.

②에 들어가기 적절한 어휘는 '먹을 것이나 마실 것을 대접하려고 제공하다.'는 뜻을 가지는 '내다'이다.

① 친구한테 싼값으로 책을 <u>사다</u> : 값을 치르고 어떤 물건이나 권리를 자기 것으로 만들다.

③ 나는 위험한 짓을 <u>사서</u> 하려는 그에게 화가 나서 견딜 수가 없었다 : (주로 '사서' 꼴로 쓰여) 안 해도 좋을 일을 일부러 하다.

④ 기성 권위에 대한 참신한 도전이라는 점에서 그의 행동을 높이 <u>사고</u> 싶다 : 다른 사람의 태도나 어떤 일의 가치를 인정하다.

3 ③ accessory는 '액세서리'로 쓰는 것이 외래어 표기법에 맞는 표현이다. 악세사리(X), 악세서리(X), 액세사리(X) 등으로 사용하지 않도록 주의해야 한다.

답 1.④ 2.② 3.③

4 밑줄 친 말과 관련된 한자 성어로 가장 적절한 것은?

> 그는 사정도 들어 보기 전에 <u>딱 잘라서</u> 내 부탁을 거절하였다.

① 명명백백(明明白白)
② 일언지하(一言之下)
③ 지호지간(指呼之間)
④ 청천벽력(靑天霹靂)

5 밑줄 친 부분에 나타난 한글 창제의 정신으로 가장 적절한 것은?

> 世·솅 宗종御·엉製·졩訓·훈民민正·졍音흠
> 나·랏:말싼·미 中듕國·귁·에 달·아 文문
> 字·쫑·와·로 서르 스뭇·디 아·니홀·씨·
> 이런 젼·ᄎ·로 어·린 百·빅姓·셩·이 니
> 르·고·져·홇·배 이·셔·도 무·춤:내 제
> ·뜨·들 시·러 펴·디 :몯홇·노·미 하·
> 니·라·내·이·를 爲·윙·ᄒ·야 :어엿·비
> 너·겨·새·로·스·믈 여·듧 字·쫑·를
> 밍·ᄀ노·니 :사름:마·다 :히·여 :수·비
> 니·겨·날·로·ᄡ·메 便뼌安한·킈 ᄒ·
> 고·져 홇 ᄯ른·미니·라

① 애민 정신
② 자주 정신
③ 실용 정신
④ 창조 정신

---

4 ② 일언지하(一言之下) : 한 마디로 잘라 말하다. 또는 두말할 나위가 없다.
　① 명명백백(明明白白) : 의심할 여지가 없이 아주 뚜렷하다.
　③ 지호지간(指呼之間) : 손짓하여 부를 만큼 가까운 거리를 이른다.
　④ 청천벽력(靑天霹靂) : 맑게 갠 하늘에서 치는 날벼락이라는 뜻으로, 뜻밖에 일어난 큰 변고나 사건을 비유적으로 이르는 말이다.

5 제시된 내용은 「세종어제훈민정음」의 어제 서문(御製序文)으로 『월인석보』의 첫머리에 실려 있다. 여기에는 세종대왕이 훈민정음을 창제할 때 바탕이 된 '자주정신', '애민정신', '실용정신'의 세 가지가 나타나고 있는데, 이를 구분하면 다음과 같다.
　㉠ 자주정신 : 나라의 말이 중국과 달라 한자와 서로 통하지 아니 하여 새로 스물여덟 자를 만들었다는 점
　㉡ 애민정신 : 어리석은 백성이 제 뜻을 능히 펴지 못하는 것을 가엽게 여겼다는 점
　㉢ 실용정신 : 쉽게 익혀 날마다 씀에 편한케 하고자 했다는 점
[현대어 풀이]
나라의 말이 중국과 달라 한자와는 서로 통하지 아니 하여서
이런 까닭으로 어리석은 백성이 말하고자 하는 바가 있어도 마침내 제 뜻을 능히 펴지 못하는 사람이 많다.
내가 이를 위하여 가엽게 여겨 새로 스물여덟 자를 만드니
사람마다 하여금 쉽게 익혀 날마다 씀에 편안케 하고자 할 따름이다.

답 4.② 5.③

6 다음 문장이 들어가기에 가장 알맞은 곳은?

> 세균 오염으로 인한 치명적인 결과를 초래할 수 있기 때문이다.

> 유기농 농법으로 키운 작물보다 유전자 변형 식품이 더 안전할 수 있다. 사람들은 식품에 '자연산'이라는 표시가 있으면 무조건 안전하려니 믿는 경향이 있다. (①) 특히 유기농 식품이라면 무조건 좋다고 생각하는 사람이 많다. (②) 하지만 유기농 식품이 더 위험할 수 있다. (③) 이렇게 보면 자연식품이 안전하고 더 몸에 좋을 것이라는 생각은 편견일 가능성이 많다. (④) 자연 또는 천연이라는 말이 반드시 안전을 의미하지는 않는 것이다.

7 언어 예절로 옳은 것은?

① (학생이 선생님에게) 저희 아버지는 3층에 볼일이 계세요.

② (판매원이 손님에게) 손님, 주문하신 사이즈가 없으십니다.

③ (어머니가 이웃 사람에게) 우리 딸은 모르는 건 꼭 저에게 여쭤 봐요.

④ (손자가 할아버지에게) 할아버지, 그 넥타이 정말 멋지시네요.

---

6 제시된 문장은 유기농 식품이 더 위험할 수 있는 이유에 해당하는 내용이며, 자연식품이 안전하고 더 몸에 좋을 것이라는 생각은 편견일 가능성이 많다고 판단하는 근거가 된다. '하지만 유기농 식품이 더 위험할 수 있다. (왜냐하면) 세균 오염으로 인한 치명적인 결과를 초래할 수 있기 때문이다. 이렇게 보면 자연식품이~'로 연결되는 것이 자연스러우므로 ③에 들어가는 것이 가장 적절하다.

7 틀리기 쉬운 높임법 사용에 유의해야 한다.
① '계시다'는 '있다'의 높임 표현이다. '있다'를 '계시다'로 바꾸어 높이는 것은 존칭명사가 주어이고 '있다'가 존재를 의미할 때와 보조용언으로 사용되어 존칭명사의 동작이 진행됨을 나타낼 때 가능하나, 보기는 '아버지'가 아닌 '볼일'을 높이는 것으로 잘못된 표현이다. 따라서 '저희 아버지는 3층에 볼일이 있으세요.'로 고쳐야 한다.
② '-시-'는 어떤 동작이나 상태의 주체가 화자에게 사회적인 상위자로 인식될 때 그와 관련된 동작이나 상태 기술에 결합하여 그것이 상위자와 관련됨을 나타내는 어미로, 즉 주체높임선어말어미이다. 보기에서 없는 것은 손님이 아니라 주문한 사이즈의 물건이 된다. 따라서 '없으십니다'는 잘못된 표현으로, '손님, 주문하신 사이즈가 없습니다.'로 고쳐야 한다.
③ '뵙다', '드리다', '여쭈다'는 대표적인 객체높임 표현이다. 객체높임은 한 문장의 주어의 행위가 미치는 대상을 높여 표현하는 것으로, 보기는 주어인 딸이 묻는 행위를 하는 대상인 어머니, 즉 화자 자신을 높인 잘못된 표현이라고 할 수 있다. 따라서 '우리 딸은 모르는 건 꼭 저에게 물어 봐요.'로 고쳐야 한다.

답 6.③ 7.④

8 다음 의견에 대한 반대 측의 논거로 가장 적절한 것은?

> 인터넷 신조어를 국어사전에 당연히 올려야 한다고 생각합니다. 사전의 역할은 모르는 말이 나올 때, 그 뜻이 무엇인지 쉽게 찾을 수 있도록 하는 것입니다. '안습', '멘붕' 같은 말은 널리 쓰이고 있음에도 불구하고 국어사전에 없기 때문에 어른들이나 우리말을 배우는 외국인들이 큰 불편을 겪고 있습니다.

① '멘붕'이나 '안습' 같은 신조어는 이미 널리 쓰이고 있다. 급격한 변화를 특징으로 하는 정보화 시대에 많은 사람들이 사용하는 말이라면 표준으로 인정해야 한다.

② 영국의 권위 있는 사전인 '옥스퍼드 영어 대사전'은 최근 인터넷 용어로 쓰이던 'OMG(어머나)', 'LOL(크게 웃다)' 등과 같은 말을 정식 단어로 인정하였다.

③ 언어의 창조성 측면에서 우리말이 현재보다 더욱 풍부해질 수 있으므로 가능하면 더 많은 말을 사전에 등재하는 것이 바람직하다.

④ '멘붕'이나 '안습' 같은 말들은 갑자기 생긴 말로 오랜 시간 언중 사이에서 사용되지 않고 한때 유행하다가 사라질 가능성이 있는 말이다.

9 괄호 안에 들어갈 접속어로 적절한 것은?

> 휴대 전화 문자 메시지를 보내서 상대방에게 사과의 말을 전하는 것도 자신의 의사를 전달하는 하나의 방법이 될 수 있다. (   ) 이보다 더 효과적인 방법은 직접 찾아가서 사과의 말을 전하는 것이다.

① 그러나
② 따라서
③ 그러므로
④ 그렇기에

---

8 제시된 의견은 인터넷 신조어를 국어사전에 올려야 한다는 내용이므로, 반대 측에서는 인터넷 신조어를 국어사전에 올리지 말아야 한다는 주장을 해야 한다. 그 근거로 적절한 것은 ④이다.
①②③ 인터넷 신조어를 국어사전에 올려야 한다는 주장의 논거로 적절하다.

9 괄호 앞 뒤의 내용이 서로 상반되는 내용이므로 역접 접속사인 '그러나'가 들어가는 것이 적절하다.
②③④ 앞에서 말한 일이 뒤에서 말할 일의 원인, 이유, 근거가 됨을 나타낼 때 쓴다.

답 8.④ 9.①

10 다음 작품에 대한 설명으로 적절한 것은?

> 가시리 가시리잇고 나는
> 브리고 가시리잇고 나는
> 위 증즐가 대평셩딕(大平盛代)
>
> 날러는 엇디 살라 ᄒ고
> 브리고 가시리잇고 나는
> 위 증즐가 대평셩딕(大平盛代)
>
> 잡ᄉ와 두어리마ᄂᆞᄂᆞᆫ
> 선ᄒ면 아니 올셰라
> 위 증즐가 대평셩딕(大平盛代)
>
> 셜온 님 보내ᅌᅵ노니 나는
> 가시는 듯 도셔 오쇼셔 나는
> 위 증즐가 대평셩딕(大平盛代)
>
> — 작자 미상, 「가시리」 —

① 4음보의 민요적 율격을 사용하고 있다.
② 후렴구의 삽입으로 연을 구분하고 있다.
③ '이별의 안타까움 – 소망 – 체념 – 용서'의 구성으로 이루어져 있다.
④ 임금의 은혜에 대한 감사와 나라의 안위를 걱정하는 마음을 담고 있다.

11 고유어인 것은?

① 고생
② 얼굴
③ 사탕
④ 포도

---

10 제시된 작품은 고려가요인 『가시리』이다. '위 증즐가 태평셩딕'는 고려가요의 특징 중 하나인 후렴구로, 이를 삽입하여 각 연을 구분하고 있다.
① 가리시/ 가시리잇고/ 나는 등과 같이 3음보의 율격을 사용하고 있다.
③ '사랑하는 임을 떠나보내야 하는 슬픔 – 이별 후 외롭고 쓸쓸한 삶을 걱정하는 심정 – 임의 마음을 상할까 두려워 잡지 못하는 마음 – 홀연히 떠난 임이 곧 돌아오길 호소'의 순서로 시상을 전개하고 있다.
④ 주제는 '이별의 정한'으로 이별의 슬픔과 다시 돌아오길 바라는 마음을 담고 있다.

[현대어 풀이]
가십니까? 가십니까?/ (나를) 버리고 가십니까?//
나더러는 어찌 살라고/ 버리고 십니까?//
잡아 두고 싶지만/ 서운하면 안 올까 두렵습니다.//
서러운 임 보내 드리니/ 가시는 것처럼 돌아오십시오.//

11 ②는 순우리말이고 ①③④는 모두 한자어이다.
① 고생(苦生): 쓸 고, 날 생 사탕
③ 사탕(沙糖/砂糖): 모래 사, 사탕 탕(당)
④ 포도(葡萄): 포도 포, 포도 도

🅐 **답** 10.② 11.②

12 괄호 안에 들어갈 말로 가장 적절한 것은?

중국 열대 지역이 원산지인 꽃매미가 우리나라에 토착화되었다는 건 이미 우리나라 기후가 아열대 기후에 들어섰다는 걸 방증한다. 기후변화로 인한 지구 온난화는 2006년 이후 꽃매미를 우리나라에서 급증하게 만든 원인이 되었다. 그러나 꽃매미는 1932년에도 우리나라에 살고 있었다고 어느 일본인 곤충 학자는 기록했다. 그렇다면 1932년부터 2005년까지는 문제가 없었는데, 왜 2006년부터 문제가 된 걸까?
2006년 이전까지 (   )
그러나 2006년에 서울에 유입된 꽃매미는 서울이 살기 적합한 기후로 변했다는 걸 감지했고, 알의 상태로 월동하고 봄에 태어나는 토종 곤충 행세를 하게 되었다. 이러한 외래 유입 종은 자연계에 천적이 없기 때문에 우리나라 자연환경에 훨씬 더 큰 피해를 주고 있다.

① 꽃매미는 우리나라에서 알의 상태로 있었다.
② 꽃매미는 우리나라 기후에 적응하지 못했다.
③ 꽃매미는 천적 때문에 우리나라에서 살지 못했다.
④ 꽃매미는 토종 곤충에 밀려 우리나라에 적응하지 못했다.

13 밑줄 친 말이 옳게 쓰인 것은?

① 세계를 다 둘러보아도 우리나라의 산수갑산 같은 오지는 많지 않다.
② 조부님은 한국전쟁 중에 홀홀단신으로 월남하여 서울에 정착하셨다.
③ 그들과 마주한 순간 나는 절대절명의 순간에 몰린 것처럼 체념하고 말았다.
④ 사람이 환골탈태한다고 하지만 그가 달라져도 이렇게 달라질 수 있는지 놀라웠다.

---

12 '그러나'는 앞의 내용과 뒤의 내용이 상반될 때 쓰는 접속 부사이다. 따라서 '2006년에 서울에 유입된 꽃매미는 서울이 살기 적합한 기후로 변했다는 걸 감지했고'와 상반되는 내용이 들어가야 하므로, ②가 가장 적절하다.

13 ④ 환골탈태(換骨奪胎) : 사람이 보다 나은 방향으로 변하여 전혀 딴사람처럼 됨
① 산수갑산 → 삼수갑산(三水甲山) : 우리나라에서 가장 험한 산골이라 이르던 삼수와 갑산을 칭하던 것으로, 험한 산골이나 오지를 비유적으로 이르는 말
② 홀홀단신 → 혈혈단신(孑孑單身) : 의지할 곳이 없는 외로운 홀몸
③ 절대절명 → 절체절명(絕體絕命) : 몸도 목숨도 다 되었다는 뜻으로, 어찌할 수 없는 절박한 경우를 비유적으로 이르는 말

답 12.② 13.④

14 다음 글에서 글쓴이가 말하고자 하는 중심 내용은?

> 우리가 기술을 만들지만, 기술은 우리 경험과 인간관계 및 사회적 권력관계를 바꿈으로써 우리를 새롭게 만든다. 어떤 기술은 인간 사회를 더 민주적으로 만드는 데 기여하지만, 어떤 기술은 독재자의 권력을 강화하는 데 사용된다. 예를 들어 라디오는 누가, 어떻게, 왜 사용하는가에 따라서 다른 결과를 낳는다. 그렇지만 핵무기처럼 아무리 민주적으로 사용하고 싶어도 그렇게 사용할 수 없는 기술도 있다. 인간은 어떤 기술에 대해서는 이를 지배하고 통제하는 주인 노릇을 할 수 있다. 그렇지만 어떤 기술에는 꼼짝달싹 못하게 예속되어 버린다.
> 기술은 새로운 가능성을 열어 주지만, 기존의 가능성 중 일부를 소멸시킨다. 따라서 이렇게 도입된 기술은 우리를 둘러싼 기술 환경을 바꾸고, 결과적으로 사회 세력들과 조직들 사이의 역학 관계를 바꾼다. 새로운 기술 때문에 더 힘을 가지게 된 그룹과 힘을 잃게 된 그룹이 생기며, 이를 바탕으로 사회 구조의 변화가 수반된다.
> 기술 중에는 우리가 잘 이해하고 통제하는 기술도 있지만, 대규모 기술 시스템은 한두 사람의 의지만으로는 통제할 수 없다. '기술은 언제나 사람에게 진다.'라고 계속해서 믿다가는 기술의 지배와 통제를 벗어나기 힘들다. 기술에 대한 철학과 사상이, 그것도 비판적이면서 균형 잡힌 철학과 사상이 필요한 것은 이 때문이다.

① 기술이 인간을 지배하고 통제할 수 없도록 기술을 관리하는 사회적 시스템을 마련해야 한다.
② 기술은 인간관계 및 사회적 권력관계를 바꿈으로써 인간 사회의 진보를 가능케 한다.
③ 기술의 발전에 영향을 미치는 변인은 다양하기 때문에 기술 발전의 방향을 예측하는 것은 어렵다.
④ 기술은 양면성을 지니므로 사회 구조를 바람직한 방향으로 변화시켜 나가기 위한 철학과 사상이 필요하다.

14 첫 문단은 기술이 긍정적으로 사용된 예와 부정적으로 사용된 예 등을 들어 기술이 양면성을 가지고 있음을 인식시킨다. '기술은 새로운 가능성을 열어 주지만, 기존의 가능성 중 일부를 소멸시킨다.'는 두 번째 문단 첫 문장은 첫 문단에서 언급한 기술의 양면성을 단적으로 보여주고 있다. 그렇기 때문에 '기술에 대한 비판적이면서 균형 잡힌 철학과 사상이 필요하다.'는 것이 이 글의 중심 내용이다.

답 14.④

15 '입술소리(양순음)'로만 묶인 것은?

① ㄱ, ㄲ, ㅋ, ㅇ

② ㄷ, ㄸ, ㅌ, ㄴ

③ ㅁ, ㅂ, ㅃ, ㅍ

④ ㅅ, ㅆ, ㅈ, ㅉ

TIP 자음 체계

조음방법		조음위치	입술 소리 (순음)	잇몸 소리 (치조음)	센입천 장소리 (경구 개음)	여린 입천 장소리 (연구 개음)	목청 소리 (후음)
안울림 소리	파 열 음	예사 소리	ㅂ	ㄷ		ㄱ	
		된소리	ㅃ	ㄸ		ㄲ	
		거센 소리	ㅍ	ㅌ		ㅋ	
	파 찰 음	예사 소리			ㅈ		
		된소리			ㅉ		
		거센 소리			ㅊ		
	마 찰 음	예사 소리		ㅅ			ㅎ
		된소리		ㅆ			
울림 소리	비음		ㅁ	ㄴ		ㅇ	
	유음			ㄹ			

15 ① 'ㄱ, ㄲ, ㅋ, ㅇ'은 여린입천장소리(연구개음)이다.

② 'ㄷ, ㄸ, ㅌ, ㄴ'은 잇몸소리(치조음)이다.

④ 'ㅅ, ㅆ'은 잇몸소리(치조음), 'ㅈ, ㅉ'은 센입천장소리(경구개음)이다.

16 밑줄 친 말 중 맞춤법에 어긋난 것은?

① 집은 허름하지만 아까 본 집보다 가격이 <u>만만잖다</u>.

② 그는 밥을 몇 <u>숟가락</u> 뜨다가 밥상을 물렸다.

③ 청소한 것 치고는 그다지 <u>깨끗지</u> 않았다.

④ <u>넉넉지</u> 못했지만 학교 다니고 생활하는 데는 별 어려움이 없었다.

16 ① 만만잖다 → 만만찮다 : '만만찮다'는 '만만하지 않다'가 줄어든 것이다. 한글 맞춤법 제4장 제5절 제39항에 따르면, 어미 '-지' 뒤에 '않-'이 어울려 '-잖-'이 될 적과 '-하지' 뒤에 '않-'이 어울려 '-찮-'이 될 적에는 준 대로 적는다.

답 15.③ 16.①

17 청소년의 올바른 스마트폰 사용을 촉구하는 표어를 작성하려고 한다. 다음 조건이 모두 충족된 것은?

> ○ 스마트폰의 역기능을 비유를 통해 언급할 것
> ○ 대구와 대조의 방법을 사용할 것

① 스마트폰은 당신 인생의 나침반이 될 것입니다
　 스마트한 인생, 이제 바로 시작할 때입니다
② 스마트폰 중독은 여러분 인생에 절망의 늪이 됩니다
　 스마트폰 해방은 여러분 인생에 희망의 샘이 됩니다
③ 스마트폰에 빠져 있는 당신, 인생에 출구는 없습니다
　 미래의 스마트한 삶은 적절한 스마트폰 사용으로부터
④ 현재의 스마트한 삶을 스마트폰에서 찾은 당신
　 미래의 스마트한 삶도 스마트폰에서 찾을 당신

18 다음 글에 언급된 내용으로 적절하지 않은 것은?

> 최근 세계적으로 사막화가 빠른 속도로 진행되고 있다. 이러한 사막화가 인류에게 심각한 위협이라는 인식을 전 세계가 공유해야만 한다. 유엔의 조사 결과, 이대로 가면 지구 육지 면적의 3분의 1이 사막화될 것으로 예상된다.
> 사막화란 건조 지대에서 일어나는 토지 황폐화 현상으로, 지구 온난화를 비롯한 지구 환경의 변화 때문에 발생한다. 과도한 경작으로 땅을 혹사시키거나 무분별한 벌목으로 삼림을 파괴하는 인간의 잘못된 활동에 의해서도 일어날 수 있다.
> 사막화는 많은 나라에서 진행되기 때문에 심각한 문제이다. 그중 특히 심각한 곳은 아프리카이고 중동이나 호주, 중국도 심각한 수준이다.
> 사막화의 피해는 눈에 띌 정도로 뚜렷하게 나타난다. 우선 생산력을 잃은 토지에서 식물이 자랄 수 없게 되고 농경이 불가능해진다. 이것은 식량 생산의 감소를 의미한다. 또한 식수가 부족하게 될 것이다. 최근 중동 지역이나 호주 같은 나라들은 이 문제를 해결하기 위해 바닷물을 담수화 과정을 거쳐 식수로 만들고 있다.

① 사막화를 막는 방안
② 사막화가 심한 지역
③ 사막화 진행 이유
④ 사막화의 정의

---

17 • '비유'는 표현하고자 하는 대상을 다른 대상에 비유하여 표현하는 수사법이다.
스마트폰 중독은 여러분 인생에 절망의 늪이 됩니다 → 스마트폰의 역기능인 '중독'을 '늪'에 비유하여 표현하였다.
• '대구'는 비슷한 어조나 어세를 가진 어구를 짝 지어 표현의 효과를 나타내는 수사법이고, '대조'는 서로 반대되는 대상이나 내용을 내세워 주제를 강조하거나 인상을 선명하게 표현하는 수사법이다.
두 문장이 서로 대구를 이루며, 중독과 해방, 절망과 희망, 늪과 샘이 서로 대조를 이루어 주제를 표현하고 있다.

18 제시된 글에는 사막화를 막는 방안에 대해서는 언급되지 않았다.
② 사막화가 심한 지역으로는 아프리카, 중동, 호주, 중국 등이 있다.
③ 사막화 진행 이유는 지구 온난화를 비롯한 지구 환경의 변화 때문이며, 과도한 경작이나 무분별한 벌목 등 인간의 잘못된 행동에 의해서도 진행된다.
④ 사막화란 건조 지대에서 일어나는 토지 황폐화 현상이다.

답 17.② 18.①

19 다음 글의 진술 방식에 해당하는 것은?

> 문명은 대개 물질적인 성과와 관련된 사항을 거론할 때 사용하는 용어이다. 반면에 문화는 인간이 자연 상태에서 벗어나 일정한 목적이나 이상을 실현하려는 활동 과정 및 그 과정에서 이룩해 낸 물질적, 정신적 성과를 총칭하는 용어이다.

① 대조   ② 분류
③ 예시   ④ 유추

20 다음 글에 나타난 양반의 모습을 비판한 내용으로 가장 적절한 것은?

> 양반의 이름은 여러 가지로, 글만 읽으면 선비라 하고, 정치에 종사하면 대부라 하며, 착한 덕이 있으면 군자라고 한다. 무관의 계급은 서쪽에 벌여 있고, 문관의 차례는 동쪽에 자리 잡았으며, 이들을 통틀어 양반이라고 한다.
> … (중략) …
> 손에는 돈을 지니지 말아야 하며, 쌀값을 묻지도 말아야 한다. 날씨가 더워도 버선을 벗지 말며, 밥을 먹을 때에도 맨상투 꼴로 앉지 말아야 한다. 식사하면서 국물부터 마시지 말며, 설령 마시더라도 훌쩍거리는 소리를 내지 말아야 한다. 젓가락을 내릴 때에는 밥상을 찧어 소리 내지 말며, 생파를 씹지 말아야 한다. 술을 마신 뒤에는 수염을 빨지 말며, 담배를 태울 때에는 볼이 오목 파이도록 빨지 말아야 한다. 아무리 화가 나더라도 아내를 치지 말며, 화가 나더라도 그릇을 차지 말아야 한다. 맨주먹으로 아녀자들을 때리지 말며, 종들이 잘못하더라도 때려서 죽이지는 말아야 한다. 소와 말을 꾸짖으면서 팔아먹은 주인을 욕하지 말아야 한다. 병이 들어도 무당을 부르지 말고, 제사하면서 중을 불러다 재를 올리지 말아야 한다. 화롯가에 손을 쬐지 말며, 말할 때에 침이 튀지 말아야 한다. 소를 도살하지 말며, 돈으로 노름을 하지 말아야 한다.
> – 박지원, 「양반전」 –

① 양반들은 다른 사람들에게 무례한 태도를 보이는군.
② 양반들은 행동을 규정하는 형식적 예법에 얽매여 있군.
③ 양반들은 글 읽는 자라면 누구나 할 수 있는 것이로군.
④ 양반들은 자신의 경제적 무능력을 다른 사람의 탓으로 돌리고 있군.

---

19 제시된 글은 '물질'과 '인간'이라는 서로 반대되는 내용을 기준으로 '문명'과 '문화'의 쓰임을 설명하고 있다. 따라서 대조가 사용되었다.
　② 분류 : 종류에 따라서 나누어 정리
　③ 예시 : 예를 들어 설명
　④ 유추 : 같은 종류 또는 비슷한 것에 기초하여 추측

20 제시된 글은 박지원의 『양반전』 중 일부로, 양반이 해서는 안 되는 행동에 대해 열거하고 있다. 그 내용들이 대부분 체면치레 위한 형식적 예법에 관련된 것으로 ②와 같은 비판을 할 수 있다.

답 19.①   20.②

1 밑줄 친 단어의 품사가 나머지와 다른 것은?

① 하늘이 <u>파랗다</u>.　　② 꽃이 <u>예쁘다</u>.

③ 아기가 <u>웃다</u>.　　④ 건물이 <u>높다</u>.

2 다음 글의 앞에 올 내용으로 가장 적절한 것은?

> 그러나 과거와는 달리 최근 들어 한국 선수들이 세계 대회에서 좋은 성적을 내고 있다. 최근 들어 큰 체격의 서양 선수들이 훨씬 유리하다는 수영 부문에서 세계 우승자가 나오더니, 이번 동계 올림픽에서는 서구 선수들이 독점해 온 스피드 스케이팅에서 한국 남녀가 동반 우승을 하는 이변이 발생했다.

① 수영과 스피드 스케이팅의 역사적 기원

② 한국과 서양의 생활환경의 차이

③ 세계 대회에서의 한국 선수들의 과거 성적

④ 세계 빙상계의 세대교체

3 밑줄 친 지칭어의 쓰임이 옳지 않은 것은?

① 사위 : 장인어른, <u>장모님</u>께서도 평안하시지요?

② 아내 : 여보, 우리 이번 주말에 <u>친정아버지</u>께 다녀와요.

③ 동료 : 김 선생님, 내일이 제 <u>선친</u>의 칠순 잔칫날입니다.

④ 며느리 : 어머니, 얼마 전 <u>아비</u>가 승진을 했어요

---

1 ③ 동사 ①②④ 형용사

2 '그러나'는 앞의 내용과 뒤의 내용이 상반될 때 쓰는 역접 접속사이다. '과거와는 달리 최근 들어 한국 선수들이 세계 대회에서 좋은 성적을 내고 있다'고 하였으므로 이 글의 앞에는 과거 세계 대회에서 한국 선수들의 안 좋은 성적에 대해 언급됐어야 한다.

3 ③ 선친(先親)은 '남에게 돌아가신 자기 아버지를 이르는 말이다.

답 **1**.③　**2**.③　**3**.③

4 다음 문장이 들어갈 곳으로 가장 적절한 것은?

> 그런 예는 동서고금의 역사에 수없이 많다.

> (㉠) 서울은 언제부터 서울이었을까? 우리가 눈으로 보며 매일 살아가고 있는 이 거대 도시 서울은 도대체 언제 태어난 것일까? 도시가 태어나다니? 우문처럼 들릴지도 모르겠다. (㉡) 그러나 도시도 분명히 태어나고 발전해 영화를 누리는가 하면, 쇠락의 길을 걷다가 끝내 사라져 버리기도 한다. (㉢) 인도차이나 밀림 속의 앙코르와트가 그렇고, 아메리카 대륙 잉카와 마야 문명의 여러 도시들이 그러하다. (㉣)

① ㉠

② ㉡

③ ㉢

④ ㉣

5 밑줄 친 말의 쓰임이 적절하지 않은 것은?

① 그는 이 일을 공정하게 처리(處理)했다.

② 국민의 자유와 권리가 크게 신장(伸張)되었다.

③ 대중문화의 영향력이 갈수록 확산(擴散)되고 있다.

④ 운영 위원회는 이번 대회가 성공적이었다고 척결(剔抉)했다.

6 괄호 안에 들어갈 말로 가장 적절한 것은?

> 사회 생물학은 인간을 포함한 모든 동물들의 사회적 행동의 진화를 연구하는 학문이다. (　　) 사회 생물학 연구의 중심에 놓인 질문은 사회적 행동의 진화 경로에 관한 것이다.

① 그럼에도 불구하고

② 그러나

③ 하지만

④ 그리고

4 ㉢ 앞에서 도시가 태어나고 발전해 영화를 누리다 쇠락의 길을 걸어 사라지는 내용이 언급되고 ㉢ 이후로 그 예인 앙코르와트와 잉카, 마야 문명의 여러 도시를 들고 있으므로 주어진 문장은 ㉢에 들어가는 것이 적절하다.

5 ④ 척결(剔抉)의 의미는 '나쁜 부분이나 요소들을 깨끗이 없애 버림'이다.

6 앞뒤 문장이 병렬적으로 연결되고 있으므로 '그리고'가 가장 적절하다.

답 4.③ 5.④ 6.④

7 괄호 안에 들어갈 말로 가장 적절한 것은?

> 조선의 정원이 어떻게 생겼는가는 서울 북악산 기슭에 있는 칠궁의 후원을 보면 잘 알 수 있다. 이 후원은 사실은 정원이 아니다. 원래는 산의 일부였던 것이 담 안으로 들어와서 칠궁의 땅에 포함된 것일 뿐이다. 굳이 이 후원에서 (   )인 것을 찾는다면, 정원을 둘러싸고 있는 담과 땅이 썩는 것을 막기 위하여 다른 곳에서 가져다 놓은 몇 개의 돌뿐이다.

① 인공적　　　　② 근대적
③ 자연적　　　　④ 사회적

8 다음 규정에 해당하지 않는 것은?

> 〈한글 맞춤법 제28항〉 끝소리가 'ㄹ'인 말과 딴 말이 어울릴 적에 'ㄹ' 소리가 나지 아니하는 것은 아니 나는 대로 적는다.

① 바느질　　　　② 부수입
③ 소나무　　　　④ 여닫이

9 토론에서 사회자의 역할로 적절하지 않은 것은?

① 토론을 하게 된 배경과 토론의 논제를 소개한다.
② 참가자들이 골고루 발언할 수 있도록 발언권을 안배한다.
③ 토론자들이 사실과 의견을 구분하도록 주의를 환기한다.
④ 토론자들의 논거를 정리하고 이에 대한 자신의 주장을 피력한다.

---

7 칠궁의 후원은 사실 정원이 아니며 산의 일부였던(→ 자연적) 것이 담 안으로 들어와서 칠궁의 땅에 포함된 것일 뿐이라고 하였다. 괄호가 포함된 문장 첫머리에 '굳이'의 의미는 '고집을 부려 구태여'로 자연적인 것에서 구태여 그렇지 않은 것(→ 인공적)을 찾는다면, '정원을·둘러싸고 있는 담과 땅이 썩는 것을 막기 위하여 다른 곳에서 가져다 놓은 몇 개의 돌뿐이다'로 연결되는 것으로 괄호 안에 들어갈 말로 가장 적절한 것은 '인공적'이다.

8 ② '부수입' '부차적인'의 뜻을 더하는 접두사 '부-'와 '수입'이 결합한 파생어이다.
① 바느질(바늘-질)
③ 소나무(솔-나무)
④ 여닫이(열-닫이)

9 ④ 토론에서 사회자는 중립적인 위치로 자신의 주장을 피력해서는 안 된다.

답 7.① 8.② 9.④

10 ㉠과 ㉡에 들어갈 말로 가장 적절한 것은?

> 인류가 생존하기 위해 꼭 필요한 것이 있다면, 숨 쉴 공기와 마실 물, 그리고 먹을 음식이다. 숨 쉴 공기가 없으면 어느 누구도 5분 이상을 살 수 없으며, 마실 물이 없으면 5일을, 그리고 먹을 음식이 없으면 5주를 넘기기 어렵다. 이 세 가지는 생존을 위한 (㉠)이다. 이것이 충족되면 '생존'의 차원을 넘어 '삶'을 위한 조건인 쾌적한 환경에서 여유 있는 마음으로 문명의 (㉡)(을)를 누리는 문화생활을 찾게 된다.

	㉠	㉡
①	필요조건(必要條件)	혜택(惠澤)
②	요구수준(要求水準)	특수(特需)
③	반대급부(反對給付)	특혜(特惠)
④	충분조건(充分條件)	혜량(惠諒)

11 괄호 안에 들어갈 사자성어로 가장 적절한 것은?

> 우리 자신의 것을 바탕으로 하지 않는 문화는 ( )에 불과합니다. 다른 일이나 물건들과 마찬가지로 문화 또한 그 기초가 튼튼해야 하기 때문입니다.

① 일석이조(一石二鳥)
② 사상누각(沙上樓閣)
③ 설왕설래(說往說來)
④ 동병상련(同病相憐)

12 밑줄 친 부분의 띄어쓰기가 옳은 것은?

① 정수는 <u>커피보다</u> 녹차를 더 좋아한다.
② 호승이도 그 정도는 <u>할수</u> 있다.
③ 물은 <u>높은데서 낮은데로</u> 흐른다.
④ <u>하루내지</u> 이틀만 기다려 보아라.

10 ㉠ 필요조건(必要條件)의 사전적 의미는 '어떤 명제가 성립하는 데 필요한 조건'이다. 공기, 물, 음식은 인류가 생존하기 위해서 꼭 필요한 것으로 필요조건이라고 할 수 있다.
㉡ 혜택(惠澤)의 사전적 의미는 '은혜와 덕택을 아울러 이르는 말'이다. 문화생활은 문명의 혜택이라고 볼 수 있다.

11 ② **사상누각(沙上樓閣)** : 모래 위에 세운 누각이라는 뜻으로, 기초가 튼튼하지 못하여 오래 견디지 못할 일이나 물건을 이르는 말
① **일석이조(一石二鳥)** : 돌 한 개를 던져 새 두 마리를 잡는다는 뜻으로, 동시에 두 가지 이득을 봄을 이르는 말
③ **설왕설래(說往說來)** : 서로 변론을 주고받으며 옥신각신함. 또는 말이 오감을 이르는 말
④ **동병상련(同病相憐)** : 같은 병을 앓는 사람끼리 서로 가엾게 여긴다는 뜻으로, 어려운 처지에 있는 사람끼리 서로 가엾게 여김을 이르는 말

12 ① '보다'는 (체언 뒤에 붙어) 서로 차이가 있는 것을 비교하는 경우, 비교의 대상이 되는 말에 붙어 '~에 비해서'의 뜻을 나타내는 격조사이므로 붙여 쓴다.
② 할수 → 할 수(의존명사)
③ 높은데서 낮은데로 → 높은 데서 낮은 데로(의존명사)
④ 하루내지 → 하루 내지(부사)

답 10.① 11.② 12.①

13 다음 글을 이해한 내용으로 적절하지 않은 것은?

> 다른 문명과 같이 한반도에도 수준 높은 문명과 다양한 형태의 토론이 존재했지만 중국이나 일본과는 달리 토론을 학문의 한 분야로 인식하지는 않았다. 절대 왕정을 오랫동안 유지하였기 때문에 토론이 민중들에게 교육 방법으로나 정치적 도구로 기능했다고 보기는 힘들지만 한국 역사에서도 토론이 활발했다는 증거가 역사 기록으로 남아 있다.
> 정치 토론뿐 아니라 종교적, 이념적, 정책적 토론의 역사에 관한 기록은 풍부하다. 예를 들어 고려시대의 불교 종파들 간의 논쟁은 돈오돈수 이론과 돈오점수 이론으로 나뉘어 지금도 토론이 계속되고 있으며, 척화파와 강화파의 토론 및 십만양병설에 대한 찬반 토론 등은 정책 토론의 표본이라고 볼 수 있다.

① 한국 역사에서 활발한 토론이 존재했다는 증거는 많이 있다.

② 불교 종파들 간의 논쟁은 한국 토론 역사의 한 증거이다.

③ 한반도에서는 절대 왕정 기간이 길어 정책 토론의 예를 찾아보기가 어렵다.

④ 한반도에도 다양한 형태의 토론이 존재했으나 학문의 한 분야로 인식되지는 않았다.

14 밑줄 친 ㉠의 뜻풀이로 옳은 것은?

> "요놈, 괘씸한 추위란 놈 같으니, 네가 지금은 이렇게 ㉠기승을 부리지마는, 어디 내년 봄에 두고 보자."
> 하고 벼르더란 이야기가 전하지마는 이것이 옛날 남산골 '딸깍발이'의 성격을 단적으로 가장 잘 표현한 이야기다.
>
> ― 이희승, 「딸깍발이」 ―

① 오랫동안 앓고 있어 고치기 어려운 병

② 기운이나 힘 따위가 누그러들지 않음. 또는 그 기운이나 힘

③ 괴로운 심정이나 사정

④ 몹시 어렵고 힘들게 싸우거나 일함

13 ③ 한반도에서는 절대 왕정을 오랫동안 유지하였기 때문에 토론이 민중들에게 교육 방법으로나 정치적 도구로 기능했다고 보기는 힘들지만, 한국 역사에서도 토론이 활발했다는 증거가 역사 기록으로 남아 있으며 정치 토론뿐 아니라 종교적, 이념적, 정책적 토론의 역사에 관한 기록은 풍부하다고 언급하고 있다.

14 밑줄 친 '기승(氣勝)'은 '기운이나 힘 따위가 성해서 좀처럼 누그러들지 않음. 또는 그 기운이나 힘의 뜻으로 쓰였다.
  ① 오랫동안 앓고 있어 고치기 어려운 병
    → 고질(痼疾)
  ③ 괴로운 심정이나 사정 → 고충(苦衷)
  ④ 몹시 어렵고 힘들게 싸우거나 일함 → 고투(苦鬪)

답 13.③ 14.②

15 다음 글의 서술 방식에 대한 설명으로 가장 적절한 것은?

> 우리가 생각 없이 잘라 내고 있는 것이 어찌 소나무만이겠습니까. 없어도 되는 물건을 만들기 위하여 없어서는 안 될 것들을 마구 잘라 내고 있는가 하면 아예 사람을 잘라 내는 일마저 서슴지 않는 것이 우리의 현실이기 때문입니다. 우리가 살고 있는 이 지구 위의 유일한 생산자는 식물이라던 당신의 말이 생각납니다. 동물은 완벽한 소비자입니다. 그중에서도 최대의 소비자가 바로 사람입니다. 사람들의 생산이란 고작 식물들이 만들어 놓은 것이나 땅속에 묻힌 것을 파내어 소비하는 것에 지나지 않습니다. 쌀로 밥을 짓는 일을 두고 밥의 생산이라고 할 수 없는 것이나 마찬가지입니다. 생산의 주체가 아니라 소비의 주체이며 급기야는 소비의 객체로 전락되고 있는 것이 바로 사람입니다.

① 인간이 소비 주체로서의 역할을 다하지 못함을 풍자하고 있다.
② 인간이 완벽한 생산의 주체임을 인식하지 못했던 자신을 비난하고 있다.
③ 인간이 소비의 객체로 전락하고 있는 현실을 비판하고 있다.
④ 인간이 생산의 주체로 부각되는 과정을 치밀하게 논증하고 있다.

16 국어의 로마자 표기법에 어긋나는 것은?

① 압구정 – Apgujeong
② 낙동강 – Nakdonggang
③ 독립문 – Dongnimmun
④ 신라 – Sinla

---

15 마지막 문장에서 보면 생산의 주체가 아닌 소비의 주체인 사람이 급기야는 소비의 객체로까지 전락되고 있는 것을 비판하고 있다.

16 ④ '신라'는 [실라]로 소리 나는 것에 따라 'Silla'로 표기한다.

답 15.③ 16.④

17 다음 대화에 나타난 '말뚝이'의 말하기 태도로 가장 적절한 것은?

> 말뚝이 : (가운데쯤에 나와서) 쉬이. (음악과 춤 멈춘다.) 양반 나오신다아! 양반이라고 하니까 노론(老論), 소론(少論), 호조(戶曹), 병조(兵曹), 옥당(玉堂)을 다 지내고 삼정승(三政丞), 육판서(六判書)를 다 지낸 퇴로 재상(退老宰相)으로 계신 양반인 줄 아지 마시오. 개잘량이라는 '양' 자에 개다리소반이라는 '반' 자 쓰는 양반이 나오신단 말이오.
>
> 양반들 : 야아, 이놈, 뭐야아!
>
> 말뚝이 : 아, 이 양반들, 어찌 듣는지 모르갔소. 노론, 소론, 호조, 병조, 옥당을 다 지내고 삼정승, 육판서 다 지내고 퇴로 재상으로 계신 이 생원네 삼 형제분이 나오신다고 그리 하였소.
>
> 양반들 : (합창) 이 생원이라네. (굿거리장단으로 모두 춤을 춘다. 도령은 때때로 형들의 면상을 치며 논다. 끝까지 그런 행동을 한다.)
>
> – 작자 미상, 『봉산 탈춤』 –

① 상대방에게 부담이 되는 표현은 최소화하고 상대방에게 이익이 되는 표현은 극대화하였다.
② 언어유희를 사용하여 상대방을 조롱하였다.
③ 양반 삼 형제와 원만하게 대화하기 위해 정중한 표현을 사용하였다.
④ 역설법을 활용하여 자신의 고전 지식을 자랑하였다.

18 부사어와 서술어의 호응 관계를 고쳐 쓴 문장으로 적절하지 않은 것은?

① 말과 행동이 반드시 일치하면 안 된다.
  → 말과 행동이 반드시 일치할 뿐이다.
② 나는 결코 고향에 돌아갈 것이다.
  → 나는 결코 고향에 돌아가지 않을 것이다.
③ 그는 비록 가난하면서 행복했다.
  → 그는 비록 가난할지라도 행복했다.
④ 철수는 밥을 거의 먹었다.
  → 철수는 밥을 거의 먹지 않았다.

17 '양반(兩班)'이라는 단어를 개잘량이라는 '양' 자에 개다리소반이라는 '반' 자를 쓴다고 언어유희를 사용하면서 양반들을 조롱하고 있다.

18 ① '반드시'는 '틀림없이 꼭'의 의미로 '~해야 한다'와 호응 관계를 이룬다. 따라서 '말과 행동이 <u>반드시 일치해야 한다</u>'로 고쳐 써야 한다.

🅐 17.② 18.①

19 밑줄 친 단어의 바꿔 쓰기로 가장 적절한 것은?

① 사무실의 분위기를 <u>바꾸다.</u> (→ 교환하다)
② 치수가 큰 신발로 <u>바꾸다.</u> (→ 변경하다)
③ 이사회에서 사장을 <u>바꾸다.</u> (→ 경질하다)
④ 내일의 계획을 <u>바꾸다.</u> (→ 전환하다)

20 밑줄 친 단어의 쓰임이 옳지 않은 것은?

① 봉투에 우표를 붙인 후 편지를 <u>부쳤다.</u>
② 배<u>던지</u> 사과<u>던지</u> 마음대로 먹어라.
③ 몇 문제나 <u>맞혔는지</u> 답안과 맞추어 봐라.
④ 생선을 조리며 혹시라도 태울까 봐 마음을 <u>졸였다.</u>

19 ③ 이 문장에서 '바꾸다'는 '원래 있던 것을 없애고 다른 것으로 채워 넣거나 대신하게 하다'의 의미로 사용되었다. 따라서 '어떤 직위에 있는 사람을 다른 사람으로 바꾸다'는 의미의 '경질하다'로 바꿔 쓸 수 있다.

① 이 문장에서 '바꾸다'는 '원래의 내용이나 상태를 다르게 고치다'의 의미로 사용되었다. 따라서 '다른 방향이나 상태로 바꾸다'는 의미의 '전환하다'로 바꿔 쓸 수 있다.

② 이 문장에서 '바꾸다'는 '자기가 가진 물건을 다른 사람에게 주고 대신 그에 필적할 만한 다른 사람의 물건을 받다'의 의미로 사용되었다. 따라서 '서로 바꾸다'는 의미의 '교환하다'로 바꿔 쓸 수 있다.

④ 이 문장에서 '바꾸다'는 '원래의 내용이나 상태를 다르게 고치다'의 의미로 사용되었다. 따라서 '다르게 바꾸어 새롭게 고치다'는 의미의 '변경하다'로 바꿔 쓸 수 있다.

20 ② 배<u>든지</u> 사과<u>든지</u> 마음대로 먹어라.
※ '-든지'와 '-던지'의 쓰임
ㄱ -든지
• 나열된 동작이나 상태, 대상들 중에서 어느 것이든 선택될 수 있음을 나타내는 연결 어미
예) 집에 가든지 학교에 가든지 해라.
• 실제로 일어날 수 있는 여러 가지 중에서 어느 것이 일어나도 뒤 절의 내용이 성립하는 데 아무런 상관이 없음을 나타내는 연결 어미
예) 싫든지 좋든지 간에 따를 수밖에 없다.
ㄴ -던지 : 막연한 의문이 있는 채로 그것을 뒤 절의 사실과 관련시키는 데 쓰는 연결 어미
예) 동생도 놀이가 재미있었던지 더 이상 엄마를 찾지 않았다.

답 19.③ 20.②

1 표준 발음을 기준으로 할 때, 단모음으로 이루어진 단어로만 묶은 것은?

① 공책, 에움길

② 서예, 뒤웅박

③ 팔괘, 외골목

④ 자료, 늦가을

---

1 단모음은 모음 중 소리를 내는 도중에 입술이나 혀가 움직이지 않아 소리의 처음과 끝이 같은 모음을 말한다. 단모음은 총 10개로 혀의 앞뒤, 혀의 높이, 입술의 모양에 따라 다음과 같이 구분한다.

<table>
<tr><td rowspan="3">구분</td><td colspan="4">혀의 앞뒤</td></tr>
<tr><td colspan="2">전설 모음</td><td colspan="2">후설 모음</td></tr>
<tr><td>평순
모음</td><td>원순
모음</td><td>평순
모음</td><td>원순
모음</td></tr>
<tr><td rowspan="3">혀의
높이</td><td>고모
음</td><td>ㅣ</td><td>ㅟ</td><td>ㅡ</td><td>ㅜ</td></tr>
<tr><td>중모
음</td><td>ㅔ</td><td>ㅚ</td><td>ㅓ</td><td>ㅗ</td></tr>
<tr><td>저모
음</td><td>ㅐ</td><td></td><td>ㅏ</td><td></td></tr>
</table>

① 공책[공책], 에움길[에움낄] → 모두 단모음으로 이루어진 단어이다.

② 서예[서예], 뒤웅박[뒤웅박]

③ 팔괘[팔괘], 외골목[외골목/웨골목]

④ 자료[자료], 늦가을[늗까을]

---

2 다음 대화에서 박 과장이 고려하는 것으로 적절한 것은?

> 박 과장 : 말씀 낮추세요. 부서 밖인데 어때요. 부서 내에서야 다른 직원들이 있고 하니까 어쩔 수 없지만 우리끼리 있을 때는 말씀 낮추세요. 오히려 제가 불편해서 안 되겠어요.
> 이 대리 : 그래도 상사인데. 하긴 직장 생활 한평생할 것도 아닌데 편하게 지내는 것이 좋지.

① 성별에 따른 협력 방식

② 계층에 따른 공감 방식

③ 세대에 따른 설득 방식

④ 상황에 따른 존대 방식

---

2 박 과장은 '부서 내'와 '부서 밖'이라는 상황에 따라 존대를 달리 하고자 한다. 즉, 직급을 기준으로 하는 '부서 내' 상황에서는 이 대리에게 존대를 받지만, 직급을 벗어난 '부서 밖' 상황에서는 이 대리에게 말을 낮추라고 하는 것을 보아 상황에 따른 존대 방식을 고려한다고 볼 수 있다.

답 1.① 2.④

3 다음 글에 대한 설명으로 적절하지 않은 것은?

거사가 거울 하나를 갖고 있었는데, 먼지가 끼어서 흐릿한 것이 마치 구름에 가린 달빛 같았다. 그러나 그 거사는 아침저녁으로 이 거울을 들여다보며 얼굴을 가다듬곤 했다. 한 나그네가 거사를 보고 이렇게 물었다.

"거울이란 얼굴을 비추어 보거나, 군자가 거울을 보고 그 맑음을 취하는 것으로 알고 있습니다. 지금 당신의 거울은 안개가 낀 것처럼 흐려서 둘 다 할 수 없습니다. 그럼에도 당신은 항상 그 거울에 얼굴을 비춰 보고 있으니, 그것은 무엇 때문입니까?"

"얼굴이 잘생긴 사람은 맑은 거울을 좋아하겠지만, 얼굴이 못생긴 사람은 오히려 싫어할 것입니다. 그러나 잘생긴 사람은 적고 못생긴 사람은 많습니다. 못생긴 사람이 맑은 거울을 본다면 반드시 깨뜨릴 것입니다. 그러니 깨뜨려질 바에야 차라리 먼지에 흐려진 채로 두는 편이 나을 것입니다. 먼지로 흐려진 것은 겉은 흐릴지라도 그 맑은 바탕은 없어지지 않으니, 잘생긴 사람을 만난 후에 갈고 닦아도 늦지 않습니다. 아! 옛날에 거울을 보는 사람들은 그 맑음을 취하기 위함이었지만 내가 거울을 보는 것은 오히려 흐림을 취하고자 하는 것인데, 그대는 어찌 이를 이상하다 생각합니까?" 하니, 나그네는 아무 대답이 없었다.

― 이규보, 「경설」 ―

① 문답 형식을 통해 작가의 직접적 개입이 약화되는 효과를 거두고 있다.

② '흐린 거울'과 '맑은 거울'의 대비를 통해 사람들의 인생관을 드러내고 있다.

③ 비유적인 표현의 활용을 통해 작가가 삶에서 얻은 깨달음을 제시하고 있다.

④ 작가의 분신인 '나그네'와 일반적 인식을 대표하는 '거사'를 통해 주제를 전달하고 있다.

3 ④ '거사'는 작가의 대리인이자 분신으로 독창적인 사고를 지닌 인물이다. 이에 반해 '나그네'는 일반적인 인식을 대표하는 인물로 '거사'와 대립되는 관계에 있다. 작가는 이 두 인물 간의 대화를 통해 주제를 전달하고 있다.

[작품분석]
㉠ **갈래** : 한문 수필, 설(設)
㉡ **성격** : 관조적, 교훈적
㉢ **구성방식** : 문답식, 대화식
㉣ **특징**
 • 대화를 통해 주제를 표현함
 • 사물을 통해 삶의 이치를 깨닫게 함
㉤ **주제**
 • 세상을 살아가는 올바른 처세훈과 현실에 대한 풍자
 • 사물과 현상의 본질을 꿰뚫는 통찰력

답 3.④

4 다음 글에서 '사실(事實)'과 '사실(史實)'의 구분 기준으로 가장 적절한 것은?

> 인류 생활의 과거에는 수많은 일이 일어났다. 역사란 그 많은 사실(事實)들 중에서 그야말로 역사적 가치와 의미가 있는 사실들, 즉 사실(史實)을 뽑아 모은 것이라고 우선 말할 수 있다. 사실들 속에서 사실(史實)을 선택하는 것이 역사를 성립시키는 일차적인 작업인데, 역사의 사료로서 적절한 것을 선별해 내는지가 그 관건이다. 어떤 기준으로 수많은 사실들 속에서 유효한 사실(史實)을 가려내는가 하는 문제를 고민하지 않을 수 없는데, 대체로 역사를 기술하는 사람과 시대적 맥락에 그 기준을 둘 수밖에 없다. 다만 같은 시대의 사람들과, 더 나아가서 미래의 사람들에게까지 폭넓은 동의를 얻을 수 있어야 선택된 사실(史實)이 진실성을 가진 것으로 인정될 수 있을 것이다. 따라서 역사가가 진실성이 더 높은 사실(史實)을 뽑아내기 위해서는 우선 그 시대가 가진 역사적 요구가 무엇인지 정확하게 파악하는 노력이 필요하다.

① 대중의 동의가 진실한지 여부
② 역사적 가치와 의미가 있는지 여부
③ 유일한 가치와 대표성을 확보했는지 여부
④ 역사가의 사적인 견해가 반영되었는지 여부

5 밑줄 친 부분과 문맥적 의미가 가장 가까운 것은?

> 그는 낚시하러 가겠다고 한사코 우겼다.

① 참 특이한 사람 다 보겠군.
② 지금 떠나면 내일 새벽에 도착하겠지.
③ 이번 달까지 꼭 목표량을 달성하겠다.
④ 대통령 내외분이 식장으로 입장하시겠습니다.

4 '역사란 그 많은 사실(事實)들 중에서 그야말로 역사적 가치와 의미가 있는 사실들, 즉 사실(史實)을 뽑아 모은 것이라고 우선 말할 수 있다.'라고 언급한 두 번째 문장을 통해 쉽게 정답을 찾을 수 있다.

5 주어진 문장에서 '-겠-'은 '주체의 의지', 즉 낚시를 하러 간다는 그의 의지를 나타내는 어미로 사용되었다. 따라서 ③이 정답이다.
① 헤아리거나 따져 보면 그렇게 된다는 뜻을 나타내는 어미
②④ 미래의 일이나 추측을 나타내는 어미

답 4.② 5.③

6 다음을 바탕으로 음운 변동의 사례를 설명할 때 적절한 것은?

> • 대치 : 한 음운이 다른 음운으로 바뀌는 현상
> • 탈락 : 한 음운이 없어지는 현상
> • 첨가 : 없던 음운이 생기는 현상
> • 축약 : 두 음운이 합쳐져서 제3의 음운으로 바뀌는 현상

① '팥하고[파타고]'를 발음할 때, 탈락 현상이 일어난다.

② '떡잎[떵닙]'을 발음할 때, 첨가 현상과 대치 현상이 일어난다.

③ '밝고[발꼬]'를 발음할 때, 축약 현상과 탈락 현상이 일어난다.

④ '부엌도[부억또]'를 발음할 때, 대치 현상과 첨가 현상이 일어난다.

7 밑줄 친 단어의 쓰임이 적절한 것은?

① 흙덩이를 잘게 <u>부신</u> 후 가져가세요.

② 그릇과 그릇이 <u>부딪치는</u> 소리가 요란했다.

③ 이 파이프는 굵기가 너무 <u>얇아서</u> 안 되겠다.

④ 쏟아지는 뜨거운 눈물을 <u>걷잡을</u> 수가 없었다.

8 문장의 호응 관계가 가장 적절한 것은?

① 작품에 손을 대거나 파손하는 행위 금지

② 한식은 매운 맛과 풍부한 영양가가 특징이다.

③ 내가 말하고자 하는 바는 건강을 위해 매일 아침을 먹자.

④ 이번 협상에서 실패한 원인은 우리가 상대방에 대해서 잘 몰랐어요.

---

6 ② '떡잎'은 [떡닙](ㄴ 첨가, 대치 : 음절의 끝소리 규칙)→[떵닙](대치 : 비음화)의 과정을 거친다.
  ① '팥하고'는 [팓하고](대치 : 음절의 끝소리 규칙)→[파타고](축약 : ㄷ + ㅎ → ㅌ)의 과정을 거친다.
  ③ '밝고'는 [발고](탈락 : 자음군 단순화)→[발꼬](대치 : 된소리되기)의 과정을 거친다.
  ④ '부엌도'는 [부억도](대치 : 음절의 끝소리 규칙)→[부억또](대치 : 된소리되기)의 과정을 거친다.

7 ② 부딪치다 : '부딪다(무엇과 무엇이 힘 있게 마주 닿거나 마주 대다. 또는 닿거나 대게 하다.)'를 강조하여 이르는 말
  ① 부시다 → 부수다(단단한 물체를 여러 조각이 나게 두들겨 깨뜨리다.)
  ③ 얇다 → 가늘다(물체의 굵기가 보통에 미치지 못하고 잘다.)
  ④ 걷잡다 → 건잡다(마음을 진정하거나 억제하다.)

8 ① 작품에 손을 대거나 <u>작품을</u> 파손하는 행위 금지
  ③ 내가 말하고자 하는 <u>바는</u> 건강을 위해 매일 아침을 <u>먹자는 것이다.</u>
  ④ 이번 협상에서 실패한 <u>원인은</u> 우리가 상대방에 대해서 잘 <u>몰랐기 때문이다.</u>

답 6.② 7.② 8.②

9 괄호 안에 공통으로 들어갈 한자는?

> 回( ) : 원래의 상태로 돌이키거나 원래의 상태를
>   되찾음
> ( )命 : 명령을 받고 일을 처리한 사람이 그 결과
>   를 보고함
> ( )活 : 죽었다가 다시 살아남

① 復   ② 死
③ 生   ④ 歸

10 밑줄 친 부분의 띄어쓰기가 모두 옳은 것은?

① 다친데 바르는 약을 찾으려 별수를 다 썼다.
② 다친 데 바르는 약을 찾으려 별수를 다 썼다.
③ 다친데 바르는 약을 찾으려 별 수를 다 썼다.
④ 다친 데 바르는 약을 찾으려 별 수를 다 썼다.

11 다음을 참고할 때 밑줄 친 단어의 반의어로 적절하지 않은 것은?

> 단어는 문맥에 따라 여러 가지 뜻을 가질 수 있
> 으므로 반의어도 여럿이 될 수 있다. 예를 들어,
> '벗다'의 반의어가 '옷을 벗었다.'의 경우에 '입다'
> 이지만 '모자를 벗었다.'의 경우에는 '쓰다'이다.

① 산 그림자가 깊다. - 옅다
② 그녀는 생각이 깊다. - 가볍다
③ 선생님의 병환이 깊다. - 가깝다
④ 우리나라는 역사가 깊다. - 짧다

9 ① 復 : 회복할 복, 다시 부
  ② 死 : 죽을 사
  ③ 生 : 날 생
  ④ 歸 : 돌아갈 귀
  • 回復(회복) : 원래의 상태로 돌이키거나 원래의 상태를 되찾음
  • 復命(복명) : 명령을 받고 일을 처리한 사람이 그 결과를 보고함
  • 復活(부활) : 죽었다가 다시 살아남

10 • 데 : '곳'이나 '장소'의 뜻을 나타내는 의존명사→앞 말과 띄어쓴다.
   • 별수 : '여러 가지 방법'을 의미하는 하나의 명사→붙여쓴다.

11 ③ 여기서 '깊다'는 '수준이 높거나 정도가 심하다'의 뜻으로 쓰였다. 반의어로 '수준이 낮거나 정도가 약하다'의 뜻을 가진 '얕다'가 있지만, 대개 '병환이 깊지 않다'로 표현한다.

답 9.① 10.② 11.③

※ 다음 글을 읽고 물음에 답하시오. 【12～13】

'읽지 않은 책'에 대해 말한다는 것은 사회적으로 널리 알려진 다른 창작 행위들에 비해 좀 더 소박하긴 하지만 결코 그것들에 뒤지지 않는 창조적 활동이라 할 수 있다. 그런데 학교에서 우리의 학생들은 책을 읽고 그 책에 대해 말하는 법은 배우지만, 읽지 않은 책에 대해 의사를 표현하는 법을 배우지 못한다. 이는 어떤 책에 대해 말을 하기 위해서는 반드시 그 책을 읽어야 한다는 가정이 한 번도 의문시되지 않았음을 반증한다고 할 수 있다. 그렇다면 우리의 학생들은 읽지 않은 어떤 책에 대한 질문을 받을 때 자신들의 생각을 ㉠표명하기 위한 어떤 방도도 찾아낼 수 없어서 혼란에 빠질 공산이 크다.

그런 혼란은 책을 신성시하는 태도에서 벗어나게 해 주는 역할을 교육이 충분히 수행하지 못해 '책을 꾸며낼' 권리가 학생들에게 주어지지 않았기 때문에 빚어지는 일이다. 텍스트에 대한 존중과 수정 불가의 금기에 마비당하는데다 텍스트를 암송하거나 그것이 '담고 있는' 내용을 알아야 한다는 속박으로 인해, 너무나 많은 학생들이 자신들의 창의적 역량을 발휘하지 못한 채 상상력이 유익할 수 있는 상황에서도 자신들의 상상력에 호소하는 것을 스스로 금해 버린다.

12 글의 내용과 가장 유사한 주장은?

① 독서하는 습관이 중요한 이유는 주체적으로 사고하고 문제를 해결하는 능력을 키울 수 있기 때문이다.

② 많은 책을 읽고 그것을 이해하는 것보다 자신의 생각을 다른 사람과 자유롭게 나누는 것이 더 중요하다.

③ 어떤 책을 읽느냐보다는 책을 읽는 행위 자체에서 독서의 의미를 찾아야 진정한 독서의 의의를 찾을 수 있다.

④ 좋은 책을 골라 읽지 않고 무분별하게 독서하는 것은 독자의 상상력과 창조력을 방해하는 저해 요소가 될 수 있다.

13 ㉠을 바꿔 쓸 때 문맥적 의미가 가장 가까운 것은?

① 밝히기
② 바꾸기
③ 더하기
④ 꾸미기

12 제시된 글은 '창조적 활동', '의사를 표현하는 법', '자신들의 생각을 표명하기', '책을 꾸며낼 권리', '상상력에 호소' 등을 언급하며 자신의 생각을 창의적으로 표현할 줄 아는 것의 중요성에 대해 주장하고 있다. 따라서 이와 유사한 맥락의 주장은 ②이다.

13 '표명'은 '의사나 태도를 분명하게 드러냄'의 뜻으로 '밝힘'으로 순화할 수 있다.

답 12.② 13.①

14 다음 글에 대한 이해로 가장 적절한 것은?

정 주사는 요새 정거장으로부터 시작하여 새로 난 소화통이라는 큰길을 동쪽으로 한참 내려가다가 바른 손 편으로 꺾이어 개복동(開福洞) 복판으로 들어섰다. 예서부터가 조선 사람들이 모여 사는 곳이다.

지금은 개복동과 연접된 구복동(九福洞)을 한데 버무려 가지고, 산상정(山上町)이니 개운정(開運町)이니 하는 하이칼라 이름을 지었지만, 예나 시방이나 동네의 모양다리는 그냥 그 대중이고 조금도 개운(開運)은 되질 않았다. 그저 복판에 포도 장치(鋪道裝置)도 안 한 십오 간짜리 토막길이 있고, 길 좌우로 연달아 평지가 있는 둥 마는 둥 하다가 그대로 사뭇 언덕 비탈이다.

그러나 언덕 비탈의 언덕은 눈으로는 보이지를 않는다. 급하게 경사진 언덕 비탈에 게딱지 같은 초가집이며, 낡은 생철집 오막살이들이, 손바닥만 한 빈틈도 남기지 않고 콩나물 길듯 다닥다닥 주어박혀, 언덕이거니 짐작이나 할 뿐인 것이다. 그 집들이 콩나물 길듯 주어박힌 동네 모양새에서 생긴 이름인지, 이 개복동서 그 너머 둔뱀이[屯栗里]로 넘어가는 고개를 콩나물 고개라고 하는데, 실없이 제격에 맞는 이름이다.

개복동, 구복동, 둔뱀이, 그리고 이편으로 뚝 떨어져 정거장 뒤에 있는 '스래[京浦里]', 이러한 몇 곳이 군산의 인구 칠만 명 가운데 육만도 넘는 조선 사람들의 거의 대부분이 어깨를 비비면서 옴닥옴닥 모여 사는 곳이다. 면적으로 치면 군산부의 몇십 분의 일도 못 되는 땅이다.

그뿐 아니라 정리된 시구(市區)라든지, 근대식 건물로든지, 사회 시설이나 위생 시설로든지, 제법 문화 도시의 모습을 차리고 있는 본정통이나, 전주통이나, 공원 밑 일대나, 또 넌지시 월명산(月明山) 아래로 자리를 잡고 있는 주택 지대나, 이런 데다가 빗대면 개복동이니 둔뱀이니 하는 곳은 한 세기나 뒤떨어져 보인다. 한 세기라니, 인제 한 세기가 지난 뒤라도 이 사람들이 제법 고만큼이나 문화다운 살림을 하게 되리라 싶질 않다.

— 채만식, 「탁류」—

[작품분석]
㉠ 갈래 : 장편소설, 사회소설
㉡ 성격 : 비판적, 세태풍자적
㉢ 배경 : 일제 강점기인 1930년대 군산, 서울
㉣ 시점 : 전지적 작가 시점
㉤ 소재 : 한 여인(초봉)의 기구한 수난사
㉥ 주제 : 일제 강점기의 혼탁한 현실 속에서 파멸해 가는 비극적인 삶의 모습

① 동시에 벌어진 사건을 나란히 서술함으로써 사건의 역설적 의미가 구성된다.
② 구체적 지명을 활용한 공간적 배경을 제시함으로써 이야기의 시대적 상황이 드러난다.
③ 과거 상황과 사뭇 다른 현실 상황을 대조함으로써 변화에 민감한 세태의 면모가 극화된다.
④ 인물의 내적 갈등을 제시함으로써 시대의 변화에 적응하지 못하는 세대의 고통이 나타난다.

15 다음 시에 대한 설명으로 가장 적절한 것은?

피아노에 앉은 / 여자의 두 손에서는
끊임없이 / 열 마리씩 / 스무 마리씩
신선한 물고기가 / 튀는 빛의 꼬리를 물고 / 쏟아진다.

나는 바다로 가서
가장 신나게 시퍼런 / 파도의 칼날 하나를 / 집어 들었다.

– 전봉건, 「피아노」 –

① 의인화된 시적 대상에 대한 화자의 부정적 태도를 표출하고 있다.
② 인간과 다른 대상의 면모를 들추어 자연의 가치를 예찬하고 있다.
③ 이미지의 연상을 통해 제재에 대한 화자의 느낌을 드러내고 있다.
④ 상반된 계절적 배경의 대치를 통해 현실의 의미를 부각하고 있다.

14 개복동, 구복동, 둔뱀이, 스래 등 조선 사람들이 옴닥옴닥 모여 사는 곳의 지명과, 이와 대조되는 본정통, 전주통, 공원 밑 일대, 월명산 아래 주택지대 등의 구체적 지명을 활용하여 공간적 배경을 제시함으로써 소설의 배경이 되는 일제 강점기의 시대적 상황을 드러내고 있다.

15 1연에서 화자는 피아노 선율을 듣고 '물고기가 빛의 꼬리를 물고 쏟아지는' 생동감 있는 이미지를 연상한다. 2연에서는 그런 피아노 선율을 즐기고, 감동하는 화자의 감정을 드러내고 있다.
[작품분석]
㉠ 갈래 : 자유시, 서정시
㉡ 성격 : 주지적, 감각적
㉢ 특징
 • 참신한 비유와 자유로운 연상에 의해 시상을 전개
 • 공감각적 이미지(청각의 시각화)를 통해 생동감 형성
㉣ 주제 : 생동감 있는 피아노 선율이 주는 감동

답 14.② 15.③

16 다음 글의 제목으로 가장 적절한 것은?

> 판소리는 전체적인 통일성이 유지되지 않더라도 한 장면의 의도를 온전히 구현하기 위해서 해당 부분의 충실한 형상화를 가능하게 하는 '장면 극대화의 원리'가 적용되곤 한다. 이로 인해 서사적 요소인 사설의 형식적 논리가 파괴되는 것처럼 보이기도 하지만 판소리의 관례로 본다면 그렇게 볼 수만은 없다. 판소리는 삶의 다양한 국면들을 생생한 현장의 목소리로 전하고자 하는데 삶은 논리만으로는 해명될 수 없는 면이 있다. 딸을 판 아버지라면 남은 생을 고뇌와 비탄 속에서 살아가는 것이 논리적이겠지만, 이것이 삶의 전면적 진실은 아니다. 극도의 슬픔에 빠진 인간에게도 다시 웃을 일은 생기는 것이고, 그러면 웃는 것이 우리의 삶이다. 시간이 흐른 뒤 심 봉사처럼 딸을 판 대가로 받은 많은 돈을 자랑하며 마을을 어슬렁거릴 수도 있는 것이다. 삶과 관련지어 본다면 심 봉사의 골계적인 모습은 비탄으로 시종하는 것보다 더 현실적인 것이며 이에 대한 풍자가 판소리 특유의 재미를 낳는다. 판소리는 이처럼 삶의 진실성을 예술적으로 승화한다.

① 판소리, 기원과 역사를 찾아서
② 판소리, 전통 계승의 길을 찾아서
③ 판소리, 삶의 전면적 진실을 찾아서
④ 판소리, 다양한 관객의 비밀을 찾아서

16 제시된 글의 주제는 마지막 문장에서 집약되고 있다. 따라서 이 글의 제목으로 ③이 가장 적절하다.

답 16.③

17 다음 글을 바탕으로 추론한 생각 중 적절하지 않은 것은?

15세기 중반까지 일반적 독서법은 소리 내 읽는 음독(音讀)이 아니라 눈으로만 읽는 묵독(黙讀)이었다. 책의 양 자체가 많지 않았기 때문에 책을 정독(精讀)하는 집중형 독서가 보편적이었기 때문이다. 그러다가 구텐베르크가 금속활자를 발명하고 인쇄술이 점차 산업화하면서 사정이 달라졌다. 18세기 중반, 책 생산량이 이전의 3, 4배로 증가하면서 집중형 독서는 다독(多讀)하는 분산형 독서로 바뀌었다. 20세기 후반 인류는 또 한 번의 독서 혁명을 겪게 된다. 인터넷 혁명을 통해 검색형 독서가 극대화된 것이다. 검색형 독서에서 독자(reader)는 사용자(user)가 되었다. 이제 독자는 필요한 텍스트만 고를 수 있을 뿐 아니라 언제라도 텍스트를 수정하고 그것에 개입해 새로운 텍스트를 만들어 낼 수 있게 되었다. 또한 소리를 의식한 텍스트, 구어를 활용한 문장, 음성을 글자에 담은 이모티콘 등도 사용할 수 있게 되었다.

① 집중형 독서는 다독보다는 정독에 어울리는 독서 방식이겠군.
② 검색형 독서 방식에서는 독자가 생산자의 역할도 할 수 있겠군.
③ 분산형 독서 방식으로의 변화가 구어를 활용한 글쓰기를 가능하게 했겠군.
④ 책의 양적 증가와 독서 방식의 변화 사이에는 어느 정도 상관관계가 있겠군.

17 ③ 구어를 활용한 글쓰기를 가능하게 한 것은 검색형 독서 방식으로의 변화이다.

답 17.③

18 다음 글의 서술 방식에 대한 설명으로 적절하지 않은 것은?

> 침체된 재래시장이 본래의 역할을 회복하려면 무엇이 필요한가? 현재 시행되고 있는 재래시장 활성화를 위한 대표 방안은 시설 현대화 사업과 상품권 사업이다. 시설 현대화 사업은 시장의 지붕을 만드는 공사가 중심이었으나 단순하고 획일적인 사업으로 효과를 내지 못하고 있다. 상품권 사업도 명절 때마다 재래시장 살리기를 호소하는 차원에서 이루어지기 때문에 아직까지 정착되지 못했다. 그렇다면 재래시장을 활성화할 수 있는 근본 방안은 무엇일까? 기존의 재래시장은 장년층과 노년층이 주 고객이었다. 재래시장이 발전하려면 젊은이들이 찾는 시장이어야 한다. 따라서 젊은이들의 기호를 파악하기 위한 상인들의 노력이 있어야 하고, 경쟁자인 대형 유통 업체와의 차별화도 필요하다. 다시 말해 주변 환경만 탓하거나 관련 기관의 지원만 바라지 말고 스스로 생존할 수 있는 힘을 길러야 한다. 당장 배가 고프다고 해도 물고기를 바라기보다 물고기 잡는 방법을 터득해야 한다. 이런 조건들이 갖추어질 때 대형 유통 업체와 경쟁할 수 있는 힘을 가지게 된다. 여기에 정부나 지방자치난체의 행정적·재정적 지원이 더해진다면 재래시장은 다시 살아날 수 있을 것이다.

① 대상을 종류별로 나누어 체계적으로 정리하고 있다.
② 비유적 표현을 활용하여 필자의 생각을 드러내고 있다.
③ 스스로 묻고 답하는 방식으로 글의 화제를 제시하고 있다.
④ 현재 상황의 문제점을 제시하고 그 해결책을 모색하고 있다.

18 ① 대상을 종류별로 나누어 체계적으로 정리하는 '분류'는 사용되지 않았다.

답 18.①

19 다음 내용에 어울리는 한자성어로 가장 적절한 것은?

> 옛것을 본받는 사람은 옛 자취에 얽매이는 것이 문제다. 새것을 만드는 사람은 이치에 합당치 않은 것이 걱정이다. 진실로 능히 옛것을 본받으면서 변화할 줄 알고, 새것을 만들면서 법도에 맞을 수만 있다면 지금 글도 옛글만큼 훌륭하게 쓸 수 있을 것이다.

① 一日三秋   ② 先憂後樂
③ 送舊迎新   ④ 溫故知新

20 ㈎와 ㈏의 공통점에 대한 설명으로 가장 적절한 것은?

> ㈎ ᄭᅮᆷ에 단니ᄂᆞᆫ 길히 자최곳 날쟉시면
>   님의 집 창(窓) 밧긔 석로(石路)라도 달흐리라
>   ᄭᅮᆷ길히 자최 업스니 그를 슬허ᄒᆞ노라.
>
> ㈏ 비 갠 긴 언덕에는 풀빛이 푸른데,
>   그대를 남포에서 보내며 슬픈 노래 부르네.
>   대동강 물은 그 언제 다할 것인가,
>   이별의 눈물 해마다 푸른 물결에 더하는 것을.

① 시적 대상과의 대화를 통해 이별의 상실감을 표현하고 있다.
② 역설적 표현을 통해 임에 대한 원망의 감정을 표출하고 있다.
③ 인식을 전환하여 부정적인 상황을 긍정적으로 받아들이고 있다.
④ 상황을 과장하여 시적 화자가 느끼는 절실한 감정을 드러내고 있다.

19 ④ **溫故知新**(온고지신) : 옛것을 익히고 그것을 미루어서 새것을 앎
  ① **一日三秋**(일일삼추) : 하루가 삼 년 같다는 뜻으로, 몹시 애태우며 기다림을 이르는 말
  ② **先憂後樂**(선우후락) : 세상의 근심할 일은 남보다 먼저 근심하고 즐거워할 일은 남보다 나중에 즐거워한다는 뜻으로, 지사(志士)나 어진 사람의 마음씨를 이르는 말
  ③ **送舊迎新**(송구영신) : 묵은해를 보내고 새해를 맞음

20 ㈎ 조선 광해군~인조 때의 문신인 이명한이 지은 시조로, 꿈을 소재로 하여 임을 향한 애타는 그리움을 표현하였다.
  [현대어 풀이]
  꿈에 다니는 길에 만약 자취 남는다면
  [임의 집 창 밖에 돌길이라도 닳으리라]
  → 과장
  꿈길이 (본래) 자취 없으니 그것을 슬퍼하노라.
  ㈏ 고려시대 문신인 정지상이 지은 7언 절구 한시 '송인'으로, 임을 떠나보내는 슬픈 심정에 눈물이 대동강 물처럼 마를 날 없이 보태지기만 하는 애틋한 마음을 노래한다.
  [한시 원문]
  雨歇長堤草色多(우헐장제초색다)
  送君南浦動悲歌(송군남포동비가)
  [大同江水何時盡(대동강수하시진)
  別淚年年添綠波(별루년년첨록파)] → 과장

📝 **답** 19.④ 20.④

한국사

1 신석기시대에 대한 설명으로 옳지 않은 것은?

① 고인돌을 만들었다.
② 움집에 화덕을 설치하였다.
③ 가락바퀴를 이용하여 옷감을 만들었다.
④ 빗살무늬토기를 사용하였다.

2 다음 풍습을 가진 나라에 대한 설명으로 옳은 것은?

> 음력 12월에 하늘에 제사하고 나라 사람들이 크
> 게 모여서 연일 마시고 먹고 노래하고 춤추는데,
> 이를 영고라고 하였다. 이때 형벌과 옥사를 중단
> 하고 죄수를 풀어 주었다.

① 왕 아래에 상가, 고추가가 있었다.
② 단궁, 과하마가 유명하였다.
③ 여러 가들이 사출도를 다스렸다.
④ 제사장으로 천군이 있었다.

3 밑줄 친 '왕'이 재위하던 시기의 사실로 옳은 것은?

> 왕이 노비를 안검하도록 명하였다. … (중략) …
> 이로 말미암아 상전(上典)을 능멸하는 풍조가 크
> 게 일어나 사람들이 모두 원망하므로 대목왕후가
> 간언하였으나, 받아들이지 않았다.

① 국자감에 7재를 두었다.
② 쌍성총관부를 공격하여 철령 이북을 수복하였다.
③ 쌍기의 건의로 과거제를 시행하였다.
④ 강감찬을 등용하여 거란군을 물리쳤다.

---

1 ① 고인돌은 청동기 시대의 유물이다.

2 제시된 내용은 영고에 대한 설명으로 초기
  부족연맹체 국가인 부여에서 행했던 집단적
  제천의식이다.
  ③ 사출도는 부여의 지방 관할구획으로 수
     도를 중심으로 동·서·남·북 4개 구
     역으로 나누었다.
  ① 고구려
  ② 동예
  ④ 삼한

3 제시된 내용은 노비안검법에 대한 설명으로
  밑줄 친 왕은 고려의 광종이다. 광종은 노비
  안검법에 이어 쌍기의 건의로 시험을 치러
  관리를 뽑는 과거제도를 실시했다.
  ① 예종 4년(1109) 관학의 진흥을 위해 국자
     감 안에 7개의 전문 강좌인 7재를 설치하
     였다.
  ② 공민왕 5년(1356) 반원정책에 의해 쌍성
     총관부를 공격하여 철령 이북 영토를 수
     복하였다.
  ④ 현종 9년(1018) 거란의 3차 침략 때, 강
     감찬은 흥화진에서 승리하였으며, 이듬
     해 귀주에서도 10만 거란군을 물리쳤다.

답 1.① 2.③ 3.③

4 고려시대 별무반에 대한 설명으로 옳은 것은?

① 승려로 구성된 항마군을 두었다.
② 포로 출신의 신의군이 있었다.
③ 용호군이 국왕을 호위하였다.
④ 천견충의군은 서경인으로 구성되었다.

4 별무반은 고려 숙종 때 윤관이 여진 정벌을 위해 만든 임시 군대 조직으로, 기병 부대인 신기군, 보병 부대인 신보군, 승병 부대인 항마군으로 구성되었다.
　② 신의군은 고려 최씨무신정권기에 조직된 삼별초의 하나이다.
　③ 고려시대 중앙군인 2군 중의 하나로 친위군 성격을 가진다.
　④ 인종 13년(1135) 서경에서 반란을 일으킨 묘청이 그의 군대에 붙인 명칭이다.

5 고대의 사회경제적 사실에 대한 설명으로 옳은 것은?

① 백제는 정전을 지급하였다.
② 신라는 진대법을 실시하였다.
③ 고구려는 당항성을 통하여 당나라와 교역하였다.
④ 통일신라는 3년마다 촌락 문서를 작성하였다.

5 ① 정전을 지급한 것은 신라이다.
　② 진대법은 고구려의 빈민 구제 정책으로, 고국천왕 16년(194) 을파소의 건의로 실시하였다.
　③ 당항성은 신라가 황해를 통해 당나라와 교역했던 중요한 출입구 구실을 하였다.

6 다음에서 설명하는 정책에 해당하는 것은?

> 채제공이 백성들도 육의전을 제외한 시전에서 팔던 물건을 저자에서 팔 수 있도록 하자고 청하였다. …(중략)… 임금이 여러 신하에게 물으니 모두 옳다고 하여 따랐다.

① 대동법
② 신해통공
③ 관수관급제
④ 영정법

6 육의전은 조선시대 때 독점적 상업권을 부여받고 국가 수요품을 조달한 여섯 종류의 큰 상점을 말한다. 육의전과 시전상인은 상권을 독점하기 위해 정부와 결탁하여 난전을 금지하는 금난전권을 부여 받았다. 금난전권의 실시는 조선 후기 이래 확대된 상품화폐경제의 발전을 가로막는 장애물이 되었으며, 소비자뿐만 아니라 시전 안에 포섭되지 못한 사상층에 큰 피해를 줘 불만이 높았다. 이에 정조 15년(1791) 채제공의 건의에 따라 육의전을 제외한 시전상인에 대한 금난전권 공식적으로 폐지하였다. 이를 신해통공이라고 한다.

7 각 나라의 문화유산을 바르게 연결한 것은?

① 백제 – 미륵사지 석탑, 임신서기석
② 신라 – 분황사 모전석탑, 북한산순수비
③ 고구려 – 석가탑, 광개토왕릉비
④ 발해 – 영광탑, 사택지적비

7 ① 임신서기석 – 신라
　③ 석가탑 – 통일신라
　④ 사택지적비 – 백제

🅐 4.① 5.④ 6.② 7.②

8 시대별 정치세력에 대한 설명으로 옳은 것은?

① 신라시대 – 진골은 관등으로 이벌찬까지 승진할 수 있었다.

② 고려전기 – 권문세족은 음서와 공음전을 받았다.

③ 고려후기 – 문벌귀족은 농장을 확대하였다.

④ 조선전기 – 훈구세력은 향약을 보급하였다.

8 ② 권문세족은 고려 전기의 문벌귀족이 12세기에 이르러 무신난에 의해 몰락하면서 대몽 항쟁 이후 새로 형성된 지배세력이다. 음서와 공음전을 받은 것은 고려 전기의 문벌귀족에 해당하는 설명이다.

③ 고려 후기 권문세족은 산과 하천을 경계로 할 정도로 넓은 지역의 대 토지를 겸병하여 농장을 소유하였다.

④ 훈구세력은 조선시대 사화 전의 기성 세력이다. 대개 세조 즉위에 공을 세운 관학 출신들로 많은 토지와 권세를 독점하여 신진 세력인 사림파와 충돌하여 사화를 일으켰다. 향약을 보급한 것은 사림파이다.

9 고려시대 경제정책으로 옳지 않은 것은?

① 관청 경비를 위해 토지를 지급하였다.

② 상평창에서 물가 안정을 꾀하였다.

③ 전민변정도감을 두어 과전법을 실시하였다.

④ 삼한통보를 주조하였다.

9 ③ 전민변정도감은 고려 후기 권세가에게 점탈된 토지나 농민을 되찾아 바로잡기 위하여 설치된 임시 개혁기관이다. 과전법은 위화도회군으로 권력을 장악한 이성계와 신진사대부들이 주도해 공양왕 3년(1391)에 실시한 토지제도로 조선 초기의 경제 기반을 이루었다.

10 다음 사실과 관련된 내용으로 옳은 것은?

> 향나무를 땅 속에 묻어 위기에 처하였을 때 미륵불이 나타나 구원해 주기를 기원하였다.

① 향안이라는 명부가 있었다.

② 우두머리는 덕대였다.

③ 『정감록』을 경전으로 하였다.

④ 이들 집단을 향도라고 불렀다.

10 제시된 내용은 고려의 풍습 중 하나인 매향에 대한 설명이다. 매향 활동을 하는 무리를 향도라고 한다.

① 향안은 조선시대 지방자치기구인 유향소를 운영하던 향중사류들의 명부이다.

② 덕대는 조선 후기 광산의 소유자로부터 채굴권과 운영권을 얻어 광산을 경영하던 청부업자를 말한다.

③ 『정감록』은 조선 중기 이후 민간에 성행하였던, 국가운명·생민존망에 관한 예언서이다.

답 8.① 9.③ 10.④

11 밑줄 친 '책'에 대한 설명으로 옳은 것은?

> 이순지 등이 왕명에 의해 여러 천문 역서 등을 참작하여 만든 책으로 내편과 외편으로 구성되어 있다.

① 지전설을 수용하였다.
② 태양력 실시의 계기가 되었다.
③ 한양을 기준으로 천체 운동을 계산하였다.
④ 청나라의 역법을 참조하였다.

12 밑줄 친 '왕'이 재위하던 시기의 사실로 옳은 것은?

> 왕은 무령왕의 아드님이고 지혜로우며 결단성이 있었다. … (중략) … 신라와 연합하여 고구려의 한강 유역을 공격하였는데, 백제군은 한강 하류를 점령하였다.
>
> ― 『삼국사기』 ―

① 16관등제를 정비하였다.
② 불교를 수용하였다.
③ 고흥이 『서기』를 편찬하였다.
④ 사비로 천도하고 국호를 남부여라 하였다.

13 조선후기 사회상에 대한 설명으로 옳지 않은 것은?

① 백정이 형평 운동을 전개하였다.
② 공노비가 면천되었다.
③ 신향과 구향의 향전이 발생하였다.
④ 중인도 시사를 조직하였다.

14 개항기에 사용된 화폐에 대한 설명으로 옳지 않은 것은?

① 엽전은 대한제국 시기에도 유통되었다.
② 민씨 정권이 당오전을 발행하려고 하였다.
③ 백동화는 화폐정리사업으로 사용이 정지되었다.
④ 전환국에서 당백전을 주조하였다.

---

11 밑줄 친 책은 조선 세종 때에 이순지, 김담 등이 세종의 명에 따라 펴낸 역서인 『칠정산』이다. 『칠정산』은 우리나라 하늘에서 일어나는 각종 천문현상을 연구하여 우리나라 실정에 맞게 만들어 낸 역법서이다.
  ① 김석문은 『역학도해』에서 브라헤(Brahe)의 우주체계를 게재하고 지전설을 주장하였으며, 홍대용은 『의산문답』에서 지구는 둥글다는 것과 지구가 1일에 1주한다는 것을 설명하였다.
  ② 태양력은 1895년 을미개혁 때 채택되었다.

12 밑줄 친 왕은 백제의 26대 왕이자 무령왕의 아들인 성왕이다. 성왕은 538년 도읍지를 웅진에서 사비로 옮기고 국호를 남부여라고 하였다.
  ① 고이왕
  ② 침류왕
  ③ 근초고왕

13 ① 형평운동은 1923년부터 일어난 백정들의 신분해방운동이다.

14 ④ 전환국은 조선 후기인 고종 20년(1883)에 설치되어 광무 8년(1904)에 폐지된 상설 조폐기관이다. 당백전은 흥선대원군 정권이 고종 3년(1866)에 발행한 화폐로, 금위영에서 주조 · 발행되었다.

답 11.③ 12.④ 13.① 14.④

15 (가)와 (나)의 조약에 관한 설명으로 옳은 것은?

> (가) 조선국 연해의 도서와 암초를 조사하지 않아 매우 위험하다. 일본국 항해자가 자유로이 해안을 측량하도록 허가한다.
> (나) 조선과 미국 중 한쪽 나라가 다른 나라의 핍박을 받을 경우 분쟁을 해결하도록 주선한다.

① (가) — 최혜국 대우를 규정하였다.
② (가) — 수출입 상품에 관세를 부과하였다.
③ (나) — 조약 체결 후 보빙사가 파견되었다.
④ (나) — 제너럴셔먼호 사건이 발단이었다.

16 (가)와 (나)의 정책에 대한 설명으로 옳은 것은?

> (가) 토지 소유자는 정해진 기간 내에 주소, 성명 등을 임시토지조사국장에게 신고해야 한다.
> (나) 조선의 수리 시설을 개선하면 1천만 석의 쌀을 증산할 수 있고, 미간지를 개척하면 1천만 석을 추가로 증산할 수 있다. 따라서 조선과 만주를 일본의 식량 공급지로 만들어야 한다.

① (가) — 황실 재산의 정리가 주된 목적이었다.
② (가) — 신고하지 않은 토지는 주인 없는 땅으로 남겨두었다.
③ (나) — 이른바 산미증식계획이라고 불렀다.
④ (나) — 실행 기간 동안 한국인의 1인당 쌀 소비량이 증가하였다.

15 (가) 강화도 조약(1876), (나) 조미수호통상조약 (1882)
③ 1882년 조미수호통상조약의 체결 후 이듬해 공사 푸트(Foote, L. H.)가 내한하자 이에 대한 답례와 양국 간 친선을 위하여 미국에 보빙사를 파견하였다.
① 조미수호통상조약은 치외 법권을 인정하고 최혜국 조항을 넣은 불평등한 조약이었다.
② 조미수호통상조약 제5조는 '수출입상품에 대한 관세부과권은 조선정부에 속한다'라고 규정하고 있다.
④ 제너럴셔먼호 사건이 발단이 되어 일어난 것은 신미양요이다.

16 (가) 1910~1918년 일제가 우리나라에 대한 식민지적 토지소유관계를 확립하기 위하여 시행한 국토조사사업인 토지조사사업과 관련된 설명이다.
(나) 1920~1934년 일제가 조선을 일본의 식량 공급지로 만들기 위해 실시한 농업 정책인 산미증식계획에 대한 설명이다.
① 일본이 조선에 대한 경제침탈을 목적으로 1905년부터 행한 화폐정리사업에 대한 설명이다.
② 신고하지 않은 토지는 조선총독부 소속으로 하여 일제는 조선 국토의 40%에 해당하는 전답과 임야를 차지하였다.
④ 「조선 총독부 통계 연보」에 따르면 1920년 0.63석이었던 한국인 1인당 쌀 소비량은 1930년 0.45석으로 떨어졌다.

답 15.③ 16.③

17 육군 주만 참의부의 독립운동으로 옳은 것은?

① 조선혁명선언을 발표하였다.
② 만주 지역에서 국내 진공작전을 벌였다.
③ 기관지로 『매일신보』를 발행하였다.
④ 직할 기구로 의열단을 조직하였다.

18 밑줄 친 '나'의 활동으로 옳지 않은 것은?

> 내 나이 73세, 이제 새삼스럽게 재물을 탐낼 것
> 이냐? 더구나 외국 군정 아래서 정권을 탐낼 것
> 이냐? …(중략)… 나는 통일된 조국을 건설하려
> 다 38도선을 베고 쓰러질지언정, 일신의 구차한
> 안일을 위하여 단독정부를 세우는 데는 협력하지
> 않겠다.

① 김규식과 함께 남·북협상을 추진하였다.
② 해방 후 좌·우 합작위원회에 참가하였다.
③ 상하이에서 한인애국단을 조직하였다.
④ 임시정부에서 주석을 역임하였다.

19 6·25전쟁과 관련한 유엔의 활동으로 옳지 않은 것은?

① 유엔 한국임시위원단이 휴전을 중재하였다.
② 유엔 한국재건단이 전쟁 피해를 입은 한국을 지원하였다.
③ 유엔군 사령부의 설치를 결의하였다.
④ 유엔 안전보장이사회는 북한을 침략자로 규정하였다.

---

17 대한민국임시정부가 남만주 지역에서 군대 조직을 갖춘 무장독립운동단체로 처음 조직한 것은 대한통의부이다. 이 조직이 내분으로 분열되자 독립군 지도자들은 만주의 독립군을 통합할 임시정부 직할부대의 필요성을 느꼈고, 이에 임시정부 산하의 남만주군정부를 대한민국임시정부 육군주만참의부라고 명명하였다. 임시정부의 승인을 얻은 그들은 1924년 5월 성명을 발표하고, 대한민국임시정부 직할대로서 참의부를 세웠다.
 ① 조선혁명선언은 1923년에 신채호가 김원봉의 부탁을 받고 작성한 의열단 선언서이다.
 ③ 매일신보는 일제강점기에 조선총독부 기관지로 발행되던 한국어 일간신문이다.
 ④ 의열단은 1919년 11월 만주 지린성[吉林省]에서 조직된 항일 무력독립운동단체로, 창단 당시의 단원은 대체로 신흥무관학교 출신이 중심이 되었다.

18 밑줄 친 나는 김구이다.
 ② 좌·우 합작위원회는 1946년 좌우 합작에 의한 통일정부 수립을 위해 여운형과 김규식을 중심으로 조직된 정치 기구이다. 좌·우 합작 운동에 대해 당시 대부분의 정치세력들은 관망 내지 부정적 입장이었는데, 김구, 이승만 등은 관망하는 입장이었고 박헌영, 여운형 등 좌익 진영 세력은 부정적 입장을 보였다.

19 ① 6·25전쟁은 구 소련의 중재로 휴전 회담이 시작되어 1953년 7월 27일 남한군을 제외한 유엔군 사령관과 공산군(북한군과 중공군) 사령관 간에 휴전이 조인되었다. 유엔 한국임시위원단은 5·10 총선거의 공정한 감시 및 관리를 위해 입국한 유엔 산하의 임시기구이다.

답 17.② 18.② 19.①

20 다음 협정에 대한 설명으로 옳은 것은?

> 제1조 : 조약 당사국은 대사급 외교 사절을 지체
> 없이 교환한다.
> 제2조 : 1910년 8월 22일 및 그 이전에 대한제국
> 과 일본 간에 체결된 모든 조약 및 협정
> 이 이미 무효임을 확인한다.

① 한 · 일 신협약이라고도 부른다.
② 협정 이후 정부는 제1차 경제개발 계획을 수립하였다.
③ 한국군의 베트남 파병을 규정하였다.
④ 체결 과정에서 대일 청구권 문제가 논의되었다.

20 제시된 내용은 1965년 6월 22일 조인되고, 12월 18일 성립 · 발효된 대한민국과 일본 간의 기본관계에 관한 조약인 한일기본조약의 일부이다. 이 조약은 부속협정으로 어업에 관한 협정, 재일교포의 법적 지위 및 대우에 관한 협정, 재산 및 청구권에 관한 문제의 해결과 경제협력에 관한 협정, 문화재 및 문화협력에 관한 협정이 포함되어 있는데, 청구권 문제 · 어업 문제 · 문화재 반환 문제 등에서 한국 측의 지나친 양보가 국내에서 큰 논란이 되었다.

① 한 · 일 신협약은 1907년 일제가 우리나라의 주권을 빼앗기 위해 강요한 조약으로 정미 7조약이라고도 한다.
② 협정 이후 박정희 정부는 제2차 경제개발 계획(1967~1971)을 수립하였다.
③ 한국군의 남베트남 파병은 조약 상의 의무에서 비롯된 것이 아니다. 미국의 요청과 함께 남베트남 정부에서도 파병을 요청해 오자, 당시 박정희 정부는 '한국전쟁시 참전한 우방국에 보답한다.'는 명분과 '베트남 전선은 한국 전선과 직결되어 있다.'는 국가 안보의 차원에서 국회의 동의를 얻어 파병을 결정하였다.

답 20.④

1 신라 지증왕 때의 사실로 옳지 않은 것은?

① 이사부가 우산국을 정벌하였다.

② 수도에 동시(東市)를 개설하였다.

③ 불교를 국가 차원에서 공인하였다.

④ 농사를 권장하며 우경을 보급하였다.

2 9세기 신라 장보고의 활동에 해당하지 않는 것은?

① 지금의 완도에 청해진을 설치하였다.

② 신라인을 약탈하던 해적을 소탕하였다.

③ 6두품 출신으로 당나라에서 유학하였다.

④ 당－신라－일본을 잇는 교통과 무역을 장악하였다.

3 고려 경종 대의 역사적 사실로 옳은 것은?

① 백관의 공복을 제정하였다.

② 처음으로 전시과를 제정하였다.

③ 지방에 경학·의학 박사를 파견하였다.

④ 평양을 서경으로 삼고 북진정책을 추진하였다.

4 조선시대 과전법에 대한 설명으로 옳지 않은 것은?

① 노동력의 징발 권리를 주었다.

② 직역의 대가로 수조권을 지급하였다.

③ 수신전, 휼양전의 명목으로 세습되었다.

④ 경기 지역에 한정하여 토지를 지급하였다.

---

1 ③ 신라가 불교를 국가 차원에서 공인한 것은 법흥왕 때의 일이다.

① 지증왕 13년(512)

② 지증왕 10년(509)

④ 지증왕 3년(502)

2 ③ 장보고의 출신은 명확하지는 않지만 평민이나 천민으로 골품제도로 인해 주요 관직에 진출할 수 없었다. 6두품 출신으로 당나라에서 유학한 것은 대표적으로 최치원이 있다.

3 ② 경종 원년(976) 11월에 처음으로 직관(職官)과 산관(散官) 각 품의 전시과를 제정하였다.

① 광종 ③ 성종 ④ 태조

4 ① 노동력의 징발 권리는 인정되지 않았다.

답 1.③ 2.③ 3.② 4.①

5 다음 사건을 시기순으로 바르게 나열한 것은?

> ㉠ 백제 사비성이 함락되었다.
> ㉡ 가야가 낙랑과 왜 등에 철을 수출하였다.
> ㉢ 고구려가 율령을 반포하고 태학을 설립하였다.
> ㉣ 신라가 인재를 양성하기 위해 화랑도를 국가 조직으로 개편하였다.

① ㉠→㉡→㉢→㉣
② ㉡→㉢→㉣→㉠
③ ㉢→㉣→㉠→㉡
④ ㉣→㉠→㉡→㉢

5 ㉡ 가야의 철 수출(2~3세기 경)
㉢ 율령 반포(373년), 태학 설립(372년)
㉣ 화랑도 개편(576년)
㉠ 백제 사비성 함락(660년)

6 남북국시대에 대한 설명으로 옳지 않은 것은?

① 발해는 스스로를 '천손'이라 칭하였다.
② 발해의 지방 행정 체제는 5경 15부 62주를 근간으로 하였다.
③ 신라는 북방으로 영토를 확장하여 황초령비·마운령비 등을 세웠다.
④ 신라의 9서당에는 고구려·백제·말갈 출신이 모두 포함되어 있었다.

6 ③ 황초령비와 마운령비는 신라 진흥왕 때 만든 순수비 중 하나로, 신라가 고구려 지역이었던 함경도 지방에 진출한 것을 보여 준다.

7 다음 자료를 활용한 탐구 활동 주제로 가장 적절한 것은?

> 환웅이 무리 3,000을 이끌고 태백산 꼭대기 신단수 아래로 내려와 그곳을 신시라 하였으니, 이가 바로 환웅천왕이다. … (중략) … 이때 곰 한 마리와 호랑이 한 마리가 같은 동굴에 살고 있었는데, 항상 환웅에게 기도하여 사람이 되기를 원하였다.

① 삼국시대 금관의 형태
② 초기 고구려의 경제 상황
③ 구석기시대의 동굴 주거지
④ 고조선의 건국과 주민 집단

7 제시된 자료는 단군왕검 탄생 설화의 일부이다. 단군왕검은 우리나라 최초의 국가인 고조선을 세운 시조이다.

답 5.② 6.③ 7.④

8 대한제국의 개혁 정책에 대한 설명으로 옳은 것으로만 묶은 것은?

> ㉠ 양전 사업을 실시하고 지계를 발급하였다.
> ㉡ 원수부를 설치하고 황제가 대원수에 취임하였다.
> ㉢ 건양이라는 연호를 사용하고 태양력을 채택하였다.
> ㉣ 교육입국 조서를 반포하고 한성 사범 학교를 설립하였다.

① ㉠, ㉡   ② ㉠, ㉣
③ ㉡, ㉢   ④ ㉢, ㉣

9 다음 ㉠ 단체에 소속된 인물과 그 활동에 대한 설명으로 옳은 것은?

> 김원봉 등의 주도로 조직된 ㉠ 은(는) 신채호가 작성한 「조선혁명선언」을 활동 지침으로 삼았다. 이 글에서 신채호는 민중의 직접 혁명으로 일제를 타도해야 한다고 주장하였다.

① 나석주는 동양 척식 주식회사에 폭탄을 던졌다.
② 안중근은 하얼빈에서 이토 히로부미를 처단하였다.
③ 장인환과 전명운은 샌프란시스코에서 스티븐스를 저격하였다.
④ 윤봉길은 일제의 상하이 점령 축하 기념식장에 폭탄을 던졌다.

10 조선시대의 농서에 대한 설명으로 옳은 것은?

① 강희안은 화북 지방 농법을 소개한 『농상집요』를 편찬하였다.
② 서유구는 농사와 의약 지식을 모아 『산림경제』를 편찬하였다.
③ 정초 등이 우리 실정에 맞는 농업기술을 소개한 『농사직설』을 왕명으로 편찬하였다.
④ 홍만선은 경기 지방의 경험을 토대로 81종의 곡식 재배법을 소개한 『금양잡록』을 편찬하였다.

11 다음 사건을 시기순으로 바르게 나열한 것은?

> ㉠ 독일인 오페르트가 남연군 묘를 도굴하려 하였다.
> ㉡ 양헌수 부대가 정족산성에서 프랑스군을 격퇴하였다.
> ㉢ 일본의 군함 운요호가 강화도와 영종도를 공격하였다.
> ㉣ 어재연이 이끄는 조선군은 광성보에서 미국군을 맞아 항전하였다.

① ㉠→㉡→㉢→㉣
② ㉡→㉠→㉣→㉢
③ ㉢→㉣→㉡→㉠
④ ㉣→㉢→㉠→㉡

12 ㉠에 대한 설명으로 옳은 것은?

> 국읍마다 각각 한 사람씩을 세워서 천신에 대한 제사를 주관하게 하는데 이를 천군이라고 부른다. 또 여러 나라(國)에는 각기 별읍이 있으니 그곳을 [㉠](이)라고 부른다. 큰 나무를 세우고 방울과 북을 매달아 놓고 귀신을 섬긴다.
> ─『삼국지』─

① 12월에 제천 행사를 하는 곳이다.
② 침범하면 소·말로 배상해야 하는 곳이다.
③ 가축의 이름을 딴 제가들이 주관하는 곳이다.
④ 죄인이 도망하여 숨더라도 잡아갈 수 없는 곳이다.

11 ㉡ 양헌수 부대의 프랑스군 격퇴(1866년 병인양요)
㉠ 남연군 묘 도굴(1868년)
㉣ 어재연 광성보 항전(1871년 신미양요)
㉢ 운요호 사건(1875년)

12 ㉠은 소도이다. 소도는 삼한시대에 천신에 대한 제사를 지낸 신성한 곳으로 국법의 힘이 미치지 못하여 죄인이 도망하여 숨더라도 잡아갈 수 없었다.

답 11.② 12.④

13 '홍범 14조'의 내용으로 옳지 않은 것은?

① 왕실 사무와 국정 사무를 나누어 서로 혼동하지 않는다.

② 청에 의존하는 생각을 버리고, 자주 독립의 기초를 세운다.

③ 총명한 젊은이들을 파견하여 외국의 학술과 기예를 견습시킨다.

④ 혜상공국을 혁파하며, 의정부와 6조 외의 모든 불필요한 기관을 없앤다.

13 ④ 갑신정변 14개조 정강의 내용이다.

※ 홍범 14조

제1조 청국에 의존하는 생각을 끊고 자주독립의 기초를 세운다.

제2조 왕실 전범을 작성하여 대통의 계승과 종실·척신의 구별을 밝힌다.

제3조 국왕이 정전에 나아가 정사를 친히 각 대신에게 물어 처리하되, 왕후·비빈·종실 및 척신이 간여함을 용납지 않는다.

제4조 왕실 사무와 국정 사무를 분리하여 서로 혼동하지 않는다.

제5조 의정부와 각 아문의 직무 권한의 한계를 명백히 규정한다.

제6조 부세는 모두 법령으로 정하고 명목을 더하여 거두지 못한다.

제7조 조세 부과와 징수 및 경비 지출은 모두 탁지아문에서 관장한다.

제8조 왕실은 솔선하여 경비를 절약해서 각 아문과 지방관의 모범이 되게 한다.

제9조 왕실과 각 관부에서 사용하는 경비는 1년간의 예산을 세워 재정의 기초를 확립한다.

제10조 지방관 제도를 속히 개정하여 지방관의 직권을 한정한다.

제11조 널리 자질이 있는 젊은이를 외국에 파견하여 학술과 기예를 익히도록 한다.

제12조 장교를 교육하고 징병제도를 정하여 군제의 기초를 확립한다.

제13조 민법 및 형법을 엄정히 정하여 함부로 가두거나 벌하지 말며, 백성의 생명과 재산을 보호한다.

제14조 사람을 쓰는 데 문벌을 가리지 않고 널리 인재를 등용한다.

14 다음 조선시대 정치적 사건을 시기순으로 바르게 나열한 것은?

> ㉠ 전주 출신 정여립이 대동계를 조직하고 반란을 모의하였다.
> ㉡ 김일손이 지은 사초가 문제 되어 김종직의 문인들이 처형당했다.
> ㉢ 강홍립이 1만여 명의 군대를 이끌고 명의 후금 공격을 지원하였다.
> ㉣ 위훈삭제를 주장하는 조광조의 급진적인 개혁에 반정공신들이 반발하였다.

① ㉠→㉡→㉣→㉢ ② ㉡→㉣→㉠→㉢
③ ㉢→ㄴ→㉣→㉠ ④ ㉣→㉡→㉢→㉠

14 ㉡ 무오사화(1498년)

㉣ 위훈삭제 사건(1519년)

㉠ 정여립 모반 사건(1589년)

㉢ 강홍립 파병(1619년)

답 13.④ 14.②

15 조선 후기 향촌 사회의 모습으로 옳지 않은 것은?

① 사족들의 동족 마을 형성이 증가하였다.
② 유향소와 경재소가 설치되기 시작하였다.
③ 부농층이 관권과 결탁하여 향임직에 진출하였다.
④ 향회가 수령의 부세를 자문하는 기구로 변질되었다.

16 다음 설명에 해당하는 조선시대 지도는?

> 태종 때 제작된 세계 지도로 권근이 발문을 썼다. 이 지도는 아라비아 지도학의 영향을 받아 만들어진 원나라의 세계 지도를 참고하고 여기에 한반도와 일본 지도를 첨가한 것으로, 중국과 한국을 크게 그리고 유럽과 아프리카 등도 그려 넣었다.

① 동국지도
② 조선방역지도
③ 곤여만국전도
④ 혼일강리역대국도지도

17 다음 민족 운동이 일어난 시기로 옳은 것은?

> • 이상설과 이동휘를 각각 정·부통령으로 하는 대한광복군 정부가 설립되었다.
> • 항일 의병을 일으킨 임병찬을 중심으로 복벽주의를 바탕으로 한 독립의군부가 조직되었다.

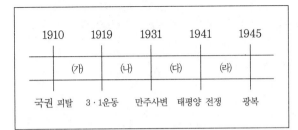

① (가)
② (나)
③ (다)
④ (라)

15 ② 유향소는 고려 말~조선시대 지방 군·현의 수령을 보좌한 자문기관이며, 경재소는 조선 전기 중앙의 고위 관리가 자기 출신지역 유향소의 품관들을 관리 감독하며 정부와 지역 간의 여러 가지 일을 주선하던 중앙기구이다.

16 제시된 내용은 혼일강리역대국도지도에 대한 설명이다. '혼일'이란 중국을 중심으로 하는 '화(華)'와 중국 주변의 오랑캐 곧 '이(夷)'를 하나로 아우른다는 '혼연일체'라는 뜻이고, '강리'란 변두리 지경을 안다(또는 다스린다)는 뜻이다.
① 동국지도 : 조선 영조 때 정상기가 제작한 지도로, 9폭의 지도첩에 전국도와 도별도로 구성되어 있으며 우리나라 최초로 축척이 표시된 지도이다.
② 조선방역지도 : 조선 전기에 만들어진 우리나라 전도이다.
③ 곤여만국전도 : 조선 시대에 그려진 세계 지도이다.

17 • 대한광복군 정부 설립 1914년
   • 대한독립의군부 조직 1912년

답 15.② 16.④ 17.①

18 다음 강령을 발표한 단체에 대한 설명으로 적절한 것은?

> • 우리는 완전한 독립 국가의 건설을 기함.
> • 우리는 전 민족의 정치적·경제적·사회적 기본 요구를 실현할 수 있는 민주주의 정권의 수립을 기함.
> • 우리는 일시적 과도기에 있어서 국내 질서를 자주적으로 유지하며 대중 생활의 확보를 기함.

① 토지 개혁 문제가 포함된 좌우 합작 7원칙을 발표하였다.
② 한국민주당의 김성수, 송진우 등 우익 인사들도 참여하였다.
③ 결성 당시에 여운형이 위원장, 안재홍이 부위원장을 맡았다.
④ 단독 정부 수립을 반대하며 평양에서의 남북 협상을 주장하였다.

19 밑줄 친 '그'에 대한 설명으로 옳은 것은?

> 그는 『주자서절요』, 『성학십도』 등을 저술하여 조선의 현실에 맞는 주자학 이론 체계를 세우려고 하였다. 그의 사상은 도덕적 행위의 근거로서 인간의 심성을 중시하고, 근본적이며 이상주의적인 성격이 강하였다.

① 대명의리론을 강조하고 북벌론을 제창하였다.
② 수양과 실천을 중시하여 경과 의를 강조하였다.
③ 그가 쓴 『자성록』은 일본의 성리학 형성에 큰 영향을 끼쳤다.
④ 그의 사상은 기의 중요성을 강조하는 현실적이고 개혁적인 경향을 지녔다.

18 제시된 내용은 1945년 8월 28일 발표한 조선건국준비위원회 강령이다.
 ① 좌우합작위원회에 대한 설명이다.
 ② 김성수, 송진우, 장덕수 등 우익 진영은 조선건국준비위원회에 반대하였다.
 ④ 김구와 김규식 등이 단독 정부 수립에 반대하며 남북 협상을 주장하였다.

19 밑줄 친 그는 이황이다. 이황의 「자성록」은 일본의 성리학에 큰 영향을 끼쳤다.

답 18.③ 19.③

20 다음 글의 저자에 대한 설명으로 옳은 것은?

> 옛사람이 이르기를, 나라는 없어질 수 있으나 역사는 없어질 수 없다고 하였으니, 그것은 나라는 형체이고 역사는 정신이기 때문이다. 이제 한국의 형체는 허물어졌으나 정신만이라도 오로지 남아 있을 수 없는 것인가.

① 진단학회를 조직하여 실증주의 사학을 발전시켰다.
② 유물사관의 입장에서 사회경제 사학을 주창하였다.
③ 『한국독립운동지혈사』에서 우리 민족의 독립운동 과정을 서술하였다.
④ 조선얼을 강조하며 정약용 연구를 중심으로 한 조선학 운동을 주도하였다.

20 제시된 글은 박은식의 「한국통사」 서언이다. 박은식은 「한국독립운동지혈사」에서 우리 민족의 독립운동 과정을 서술하였다.
① 이병도, 손진태 등
② 백남운
④ 안재홍, 정인보, 문일평 등

답 20.③

1 우리나라 철기 시대에 대한 설명으로 옳지 않은 것은?

① 미송리식 토기, 민무늬 토기 등이 사용되었다.

② 무기를 비롯하여 농기구까지 철로 제작되었다.

③ 명도전과 같은 화폐의 발견으로 중국과의 교류를 알 수 있다.

④ 창원 다호리 유적에서 출토된 붓을 통해 문자의 사용을 짐작할 수 있다.

2 공민왕의 개혁정치에 대한 설명으로 옳지 않은 것은?

① 정방을 폐지하였다.

② 과전법을 실시하였다.

③ 정동행성 이문소를 혁파하였다.

④ 쌍성총관부를 무력으로 철폐하였다.

3 조선 세종의 업적으로 옳은 것은?

① 6조직계제를 실시하였다.

② 백성들의 여론을 수렴하여 공법을 실시하였다.

③ 간경도감을 설치하여 불교 경전 번역에 힘썼다.

④ 『경국대전』을 반포하여 유교적 법치국가의 토대를 마련하였다.

4 다음 중 을미개혁의 내용으로 옳은 것은?

① 지계 발급

② 태양력 채용

③ 헌의 6조 채택

④ '광무'라는 연호 제정

---

1 ① 미송리식 토기, 민무늬 토기는 청동기 시대의 유물이다. 철기 시대의 대표적인 토기로는 덧띠토기와 검은간토기가 있다.

2 ② 과전법을 실시한 것은 1391년 공양왕 때이다.

3 ② 공법은 본래 중국 해(夏)나라 때 시행된 것으로, 농민 한 사람에게 토지를 50무(畝)씩 지급하고 그 중 10분의 1에 해당하는 5무의 수확량을 세금으로 거둔 정액세제이다. 우리나라에서는 조선 세종이 처음으로 토지의 세금을 일정하게 고정시키는 정액세법의 원리를 적용하였다.

① 태종, 세조 ③ 세조 ④ 성종

4 을미개혁의 내용으로는 단발령 실시, 태양력 사용, 군사(친위대, 진위대) 및 교육제도(소학교) 개혁, 종두법 실시, 우편제도 실시 등이 있다.

① 대한제국은 양전 사업을 실시한 후 근대적 토지 소유 제도라고 할 수 있는 지계를 발급하였다.

③ 독립협회가 1898년 10월 29일 열린 관민공동회에서 국정개혁안인 헌의 6조를 채택하였다.

④ 고종은 1897년 10월 12일 원구단에서 황제 즉위식을 가졌다. 이때 국호를 대한제국이라 선포하고, 연호는 광무라 하였다.

답 1.① 2.② 3.② 4.②

5 발해 정효공주 무덤에 대한 설명으로 옳은 것은?

① 무덤에 둘레돌을 두르고 그 위에 12지신상을 조각하였다.

② 나무로 덧널을 짜고 그 위에 돌을 쌓은 뒤 흙으로 봉분을 쌓았다.

③ 벽화가 그려진 벽돌무덤으로 당과 고구려의 양식이 결합되어 있다.

④ 백제를 건국한 세력이 고구려와 관련이 있다는 건국 신화의 내용을 입증한다.

6 ㉠에 대한 설명으로 옳은 것은?

> 충선왕은 왕위를 아들에게 물려주고 다시 북경으로 가서 ___㉠___ 이라는 연구 기관을 설립하였다. 이곳에 이제현을 비롯한 고려 학자와 조맹부, 요수 등 원나라 학자들을 초빙하여 학문을 연구하고 두 나라의 문화 교류에 힘썼다.

① 성리학의 수입과 보급에 기여하였다.

② 교종의 확산과 보급에 영향을 끼쳤다.

③ 고증학의 수입과 발달에 도움을 주었다.

④ 권문세족의 사상적 기반으로 작용하였다.

7 다음 고려시대 사원에 대한 설명으로 옳지 않은 것은?

① 청주 흥덕사 – 『상정고금예문』이 간행되었다.

② 순천 송광사 – 수선사 결사의 중심 사찰이다.

③ 개성 경천사 – 원의 석탑을 본뜬 10층 석탑이 세워졌다.

④ 안동 봉정사 – 가장 오래된 주심포 양식의 건물이 남아 있다.

---

5 ③ 발해 정효공주 묘는 벽돌로 쌓는 당나라 양식(벽돌무덤)과 돌로 공간을 줄여 나아가면서 천장을 쌓는 고구려 양식이 결합되어 있다.
  ① 통일신라 때 굴식돌방무덤은 무덤에 둘레돌을 두르고 그 위에 12지신상을 조각하였다. 대표적으로 김유신 장군 묘, 흥덕왕릉 등이 있다.
  ② 신라의 무덤양식인 돌무지덧널무덤에 대한 설명이다.
  ④ 고구려와 백제의 무덤 양식은 초기 돌무지 무덤에서 후기 굴식돌방무덤으로 바뀐다.

6 ㉠은 고려의 충선왕이 원나라 연경(북경)에 세운 독서당인 만권당으로 성리학의 수입과 보급에 기여하였다.

7 ① 청주 흥덕사에서 간행된 것은 「직지심체요절」이다.

8 개항기 각국과 체결한 조약에 대한 설명으로 옳지 않은 것은?

① 조·일 무역규칙으로 양곡의 무제한 유출이 가능해졌다.

② 강화도 조약에서 부산 외 두 항구의 개항이 허용되었다.

③ 조·러 수호통상조약은 청의 적극적인 알선으로 체결되었다.

④ 조·미 수호통상조약에는 최혜국 대우의 규정이 포함되었다.

9 밑줄 친 '이곳'에서 있었던 사실로 옳은 것은?

> 나는 우리나라 산천의 신비력에 의해 통일의 대업을 이룩했다. 이곳의 수덕(水德)은 순조로워 우리나라의 지맥 근본을 이루고 있어 길이 대업을 누릴 만한 곳이니, 마땅히 1년에 100일 이상 머물러 태평을 이루게 하라.
>
> —『고려사』「훈요십조」—

① 삼별초의 대몽 항전이 전개되었다.

② 19세기 말 영국에 의해 몇 년간 점령되었다.

③ 거란과의 전쟁이 끝난 후 나성이 축조되었다.

④ 장수왕이 남하정책을 추진하면서 도읍으로 삼았다.

10 유네스코 세계기록 유산으로 등재된 조선시대 기록물과 그에 대한 설명으로 옳은 것은?

① 『어책』 – 왕실의 혼인이나 국장 등 국가의 여러 행사를 글과 그림으로 기록한 것이다.

② 『일성록』 – 정조가 세손 때부터 매일매일의 생활을 반성한다는 뜻에서 쓰기 시작한 일기이다.

③ 『동의보감』 – 사람의 체질을 태양태음소양소음으로 나눈 사상의학 서적이다.

④ 『승정원일기』 – 전왕(前王)의 통치 기록인 「사초」, 「시정기」, 「조보」 등을 모아 편찬하였다.

---

8 ③ 청은 조선과 러시아 간의 협약의 청에 위협이 될 수 있다고 판단하여 조선에 서양 국가를 소개하면서 러시아는 제외하였다. 조·러 수호통상조약은 청의 알선 없이 독자적으로 체결되었다.

9 밑줄 친 이곳은 평양이다. 장수왕은 국내성에서 평양성으로 도읍을 옮기고 평양에 근거지를 둔 신진 관료를 등용하여 적극적인 남하정책을 추진했다.
① 강화도 → 진도 → 제주도
② 거문도
③ 개경

10 ① 「의궤」에 대한 설명이다. 「어책」은 옥이나 대나무에 책봉하거나 아름다운 명칭을 수여하는 글을 새긴 옥책과 죽책, 금동판에 책봉하는 내용을 새긴 금책 등이다.
③ 이제마의 「동의수세보원」에 대한 설명이다. 「동의보감」은 왕명에 따라 허준이 편찬한 의학지식과 치료법에 관한 백과사전적 의서이다.
④ 「조선왕조실록」에 대한 설명이다. 「승정원일기」는 조선 왕조에 관한 방대한 규모(17~20세기 초)의 사실적 역사 기록과 국가 비밀을 담고 있다.

답 8.③ 9.④ 10.②

11 삼국시대 화랑도에 대한 설명으로 옳은 것은?

① 만장일치제로 국가의 중요 정책을 결정하였다.
② 군장과 제사장의 기능이 분리되면서 등장하였다.
③ 불교 신앙에 바탕을 둔 농민 공동체 조직이었다.
④ 계층 간의 대립과 갈등을 완화하는 기능도 하였다.

11 ④ 화랑도는 진골귀족 및 하급귀족, 일반평민 출신 등 여러 신분계층으로 구성되어 있으면서도 집단 자체는 어디까지나 국가에 대한 충성과 애국을 강조하는 집단이었기 때문에 신분계층사회에서 발생하기 쉬운 알력이나 갈등을 조절, 완화하는 데도 기여하였다.

12 밑줄 친 '이 사건'의 결과로 옳은 것은?

> 선혜청 당상관 민겸호의 하인이 선혜청 창고지기가 되어 급료를 지급하는 일을 했다. 그는 쌀을 빼돌리고, 빈 껍질과 모래를 뒤섞어 넣은 것을 지급하였다. 분노한 구식 군인들은 마침내 폭동을 일으켰고 이 과정에서 하층민들까지 합세하였다. 의 사건으로 왕후가 피신하는 일까지 벌어졌다.

① 통리기무아문이 설치되었다.
② 일본과 제물포 조약을 체결하였다.
③ 이항로를 중심으로 척화주전론이 일어났다.
④ 일본은 묄렌도르프를 내정 고문으로 파견하였다.

12 밑줄 친 이 사건은 임오군란이다. 청나라는 임오군란의 책임을 물어 대원군을 톈진으로 납치해 갔으며, 일본은 조선 정부에 강력한 위협을 가해 주모자 처벌과 손해 배상을 내용으로 하는 제물포 조약을 맺게 했다.

13 밑줄 친 '만세 시위'에 대한 설명으로 옳은 것은?

> 대한제국의 마지막 황제인 순종이 서거하자 그의 장례일을 기해 만세 시위가 일어났다.

① 신간회의 지원으로 확대되었다.
② 광주에서 한·일 학생 간의 충돌로 시작되었다.
③ 사회주의 계열, 천도교, 학생 단체 등이 계획하였다.
④ 일본 도쿄 유학생들은 조선청년독립단을 창설하여 참여하였다.

13 밑줄 친 만세 시위는 6·10 만세운동이다. 6·10 만세운동은 사회주의 계열(권오설 등), 천도교(박내원 등), 학생 단체(연희전문, 경성대학) 등이 계획하였다.

14 다음 화폐의 변천에 대한 설명으로 옳지 않은 것은?

① 변한에서는 철을 화폐처럼 사용하기도 하였다.
② 고려 숙종 대에 해동통보 등의 동전이 만들어졌다.
③ 조선후기에 상평통보가 전국적으로 유통되었다.
④ 흥선대원군이 경복궁 중건을 위해 당오전을 발행하였다.

14 ④ 흥선대원군이 경복궁 중건을 위해 발행한 것은 당백전이다.

답 11.④ 12.② 13.③ 14.④

15 조선의용대에 대한 사실로 옳지 않은 것은?

① 김원봉이 이끄는 일부가 한국광복군으로 합류하였다.
② 조선민족전선연맹이 중국 국민당 정부의 지원을 받아 조직하였다.
③ 일부는 화북 지역으로 이동하여 조선의용대 화북지대를 만들었다.
④ 중국 호로군과 연합하여 쌍성보, 대전자령 등지에서 대승을 거두었다.

16 다음과 같이 주장한 실학자의 저술로 옳은 것은?

> 무엇을 여전(閭田)이라 하는가, 산골짜기와 하천의 형세를 가지고 경계를 그어 만들고는 그 경계의 안을 '여(閭)'라 이름하고 … (중략) … 여에는 여장(閭長)을 두고, 무릇 여의 전지(田地)는 여의 사람들로 하여금 다 함께 그 전지의 일을 다스리되, 피차의 경계가 없이 하고 오직 여장의 명령만을 따르도록 한다.

① 경세유표   ② 반계수록
③ 동사강목   ④ 의산문답

17 민족 교육기관에 대한 설명으로 옳지 않은 것은?

① 안창호는 평양에 대성학교를 설립하였다.
② 삼원보의 신흥무관학교에서는 독립군을 양성하였다.
③ 한국인 마을이 형성된 간도에 서전서숙이 설립되었다.
④ 정부가 설립한 육영공원은 동문학의 설립으로 폐지되었다.

15 ④ 한국독립군에 대한 설명이다.

16 제시된 내용은 정약용이 주장한 여전제에 대한 설명이다. 정약용의 저서로는 「목민심서」, 「흠흠신서」, 「경세유표」가 있다.
② 유형원의 국가 운영과 개혁에 대한 견해를 담은 책
③ 안정복이 고조선부터 고려 말까지를 다룬 역사책
④ 홍대용이 지은 자연관 및 과학사상서

17 ④ 육영공원은 조선 후기 한국 최초의 근대식 공립교육기관으로 근대적 신교육으로 발전하는 교량적 역할을 하였다. 그러나 지나치게 영어만을 강조하고 외국인 교수만을 채용하는 한편 고급 양반 자제만을 대상으로 하는 등 대중 교육에는 한계가 있었으며, 재정난 등을 이유로 설립된 지 8년 만인 1894년에 폐교되었다.

답 15.④ 16.① 17.④

18 다음은 신라 왕호의 변천 과정이다. (개) 시기에 해당하는 것만을 〈보기〉에서 모두 고르면?

```
차차웅 → 이사금 → (개) → 왕
```

〈보기〉
㉠ 우산국 복속
㉡ 대가야 정복
㉢ 나제동맹 결성
㉣ 김씨의 왕위 독점 세습

① ㉠, ㉡   ② ㉠, ㉣
③ ㉡, ㉢   ④ ㉢, ㉣

19 밑줄 친 '그'가 저술한 해외 견문록은?

> 그는 청에 다녀와 수레와 선박, 화폐 유통의 필요성을 강조하였으며, 기술개발을 통한 영농방법의 혁신, 상업적 농업 등을 통해 농업 생산력을 높이자고 하였다. 그리고 토지 소유의 상한선을 설정하는 한전론을 주장하였다.

① 이경직의 『부상록』
② 박지원의 『열하일기』
③ 박제가의 『북학의』
④ 이수광의 『지봉유설』

---

18 신라의 왕호 변천 과정을 살펴보면 다음과 같다.
  • 거서간 = 건국시조 박혁거세
  • 차차웅 = 2대 남해 차차웅
  • 이사금 = 3대(유리 이사금)~16대(흘해 이사금)
  • 마립간 = 17대(내물 마립간)~21대(소지 마립간)
  • 왕 = 22대(지증왕)~56대(경순왕)
  따라서 (개) 시기는 마립간 시기이다.
  ㉠ 우산국 복속 : 22대 지증왕
  ㉡ 대가야 정복 : 24대 진흥왕
  ㉢ 나제동맹 결성 : 19대 눌지 마립간
  ㉣ 김씨의 왕위 독점 세습 : 17대 내물 마립간

19 밑줄 친 그는 박지원으로 대제국으로 발전한 청나라의 실상을 직접 목격하고 이를 그의 저서 「열하일기」에 생생하게 기록하였다.

답 18.④ 19.②

20 광복 이후 발생한 사건을 시기순으로 바르게 나열한 것은?

> ㉠ 좌우합작위원회에서 좌우합작 7원칙이 발표되었다.
> ㉡ 모스크바 3국 외상 회의가 개최되어 한반도 문제가 논의되었다.
> ㉢ 유엔 한국 임시 위원단의 감시 아래 남한에서 총선거가 실시되었다.

① ㉠→㉢→㉡
② ㉡→㉠→㉢
③ ㉡→㉢→㉠
④ ㉢→㉡→㉠

20 ㉡ 모스크바 3국 외상 회의 : 1945년 12월
  ㉠ 좌우합작 7원칙 발표 : 1946년 10월
  ㉢ 남한 단독 총선거 : 1948년 5월

📘 20.②

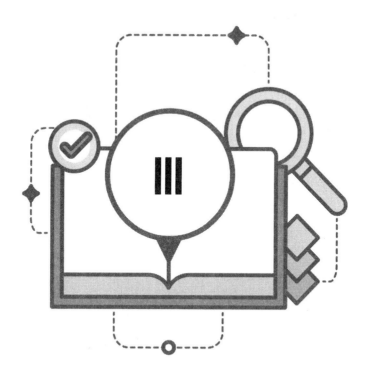

영어

※ 다음 밑줄 친 부분과 의미가 가장 가까운 것을 고르시오.
【1 ~ 3】

1

> Hope will not <u>vanish</u> like a bubble.

① change
② consider
③ disappear
④ distrust

2

> <u>In retrospect,</u> I wish that I had thought about other options.

① all things considered
② in general
③ in spite of everything
④ looking back

3

> Since it is hard to buy new LPs, he decided to <u>dispense with</u> his old turntable.

① do without
② go off
③ come up with
④ set in

1 단어 vanish (갑자기·불가사의하게) 사라지다
해석 「희망은 거품처럼 <u>사라지지</u> 않는다.」
보기 ① 변하다
② 사례[고려/숙고]하다
③ 사라지다
④ 불신하다

2 단어 in retrospect 돌아켜 생각해 보면
해석 「<u>돌이켜 생각해 보면</u>, 다른 선택권을 생각해 봤으면 좋았을 텐데.」
보기 ① 모든 것을 고려하여[고려해 볼 때]
② 보통, 대개
③ (이것저것 생각한 끝에) 결국
④ 회고

3 단어 dispense with somebody/something (더 이상 필요 없는 것을) 없애다[생략하다]
해석 「새 LP판을 사는 것이 어렵기 때문에, 그는 낡은 턴테이블을 <u>없애기로</u> 결정했다.」
보기 ① ~ 없이 견디다[지내다]
② (특히 무엇을 하러) 자리를 뜨다
③ ~을 생산하다, 제시[제안]하다
④ (계속될 기세로) 시작하다[되다]

답 1.③ 2.④ 3.①

※ 밑줄 친 부분에 들어갈 가장 적절한 것을 고르시오.
【4 ～ 7】

4

> Researchers took _____ of each plant so they could look at them more closely later in the lab.

① specimens

② skeletons

③ traits

④ observation

5

> At one time people did not ____(A)____ the role of sports in education, but the trend has changed so much that now there is a danger of ____(B)____ on athletics.

(A)	(B)
① appreciate	overemphasis
② ignore	dependency
③ understand	research
④ explain	ignorance

6

> A 7.0 magnitude earthquake hit Haiti on January 12, _____ much of the country in ruins.

① what left

② leaving

③ that left

④ which leaving

---

4 **단어** plant 식물

해설 「연구자들은 각 식물의 표본을 채취하여 나중에 연구실에서 보다 자세히 관찰할 수 있도록 하였다.」

보기 ① 표본 ② 골격 ③ 특색 ④ 관찰

5 **해설** 「한때 사람들은 교육에서 스포츠의 역할을 인정하지 않았지만, 그 경향은 너무 많이 바뀌어 이제는 운동 종목에 대한 지나친 강조의 위험이 있다.」

보기 ① (A) ～의 진가를 인정하다
　　(B) 지나친 강조
② (A) 무시하다 (B) 의존, 종속
③ (A) 이해하다 (B) 연구, 조사
④ (A) 설명하다 (B) 무지, 무학

6 **해설** ② 빈칸은 관계대명사의 계속적 용법으로 which left가 들어가야 한다. 이때, which를 생략하기 위해서는 left → leaving으로 바꿔야 한다.

단어 magnitude (엄청난) 규모[중요도] earthquake 지진 in ruins 폐허[엉망]가 된

해설 「1월 12일 규모 7.0의 지진이 아이티를 강타하여, 국토의 대부분이 폐허로 남았다.」

답 4.① 5.① 6.②

7

> A : Where are you headed?
> B : I'm going over to the Sidewalk Cafe to have coffee and review my class notes.
> A : What a coincidence! I'm going there, too.
> _____
> B : Sure, if it's not inconvenient for you.
> A : My pleasure. As I said, I'm going there anyway.

① Do you want a ride?
② Could you do me a favor?
③ Can I ask you a question?
④ Do you know anybody there?

8 다음 A, B의 대화가 어울리지 않는 것은?

① A : I am really nervous because of the presentation this afternoon.
  B : Take it easy. I'll keep my fingers crossed for you.
② A : Do you mind if I open the window?
  B : Of course not. Go ahead.
③ A : I'd like to invite you to my birthday party.
  B : Sure, I'd like to. I have a previous engagement.
④ A : Guess what? I passed the exam with the top score.
  B : Good for you! You deserve it.

9 밑줄 친 부분 중 어법상 옳지 않은 것은?

> If you continue ①to view the world through a filter ②creating by past events, then you are ③allowing your past ④to control your present and future.

10 어법상 옳은 것은?

① Being rainy, they cancelled the picnic.

② Not we but George knows the whole story.

③ My cat laid on the floor to take a nap.

④ Plan a winter vacation if you like skiing and to skate.

11 우리말을 영어로 가장 잘 옮긴 것은?

> 지금껏 내가 만난 모든 사람 중에 당신처럼 인상 깊은 사람은 없습니다.

① All the people I have met so far were much impressed by me.

② I'm impressed strongly by all the people I have met so far.

③ Of all the people I have met so far, no one has impressed me as much as you.

④ You impressed me strongly than somebody else I have met so far.

12 우리말을 영어로 잘못 옮긴 것은?

① 그녀는 매우 친절한 소녀여서 모두가 그녀를 좋아했다.
→She was such a kind girl that everybody liked her.

② 그 멋진 자전거는 너무 비싸서 내가 살 수 없었다.
→The fancy bike was too expensive for me to buy.

③ 행복은 환경이 아니라 삶을 바라보는 당신의 방식에 달려있다.
→Happiness depends not on the circumstances but on your way of looking at life.

④ 우리가 높이 올라갈수록 공기가 더 희박해진다.
→The more we climb higher, thinner the air becomes.

---

10 해설 ① Being rainy → It being rainy : 바꿔 쓰자면, Because it was rainy, they cancelled the picnic.으로 비가 와서 소풍을 취소했다는 의미이다.
③ laid → lay : laid는 '놓다'의 뜻을 갖는 lay의 과거형이다. 따라서 '눕다'의 뜻을 갖는 lie의 과거형인 lay를 써야 한다.
④ skate → skating : 접속사 and의 앞뒤는 그 형태가 같아야 한다.

11 해설 impress는 타동사로 '~ sb (with sth/sb)'의 형태로 쓰여 '~에게 깊은 인상을 주다, 감명[감동]을 주다'의 뜻으로 쓰인다.
보기 ① 내가 지금까지 만난 모든 사람들은 나에게 깊은 인상을 받았다.
② 나는 지금까지 만난 모든 사람들에게 강한 인상을 받았다.

12 해설 ④ 'The + 비교급 ~, the + 비교급 ~'은 '~할수록 더 ~하다'의 뜻이다. 따라서 The higher we climb, the thinner the air becomes.로 써야 한다.

답 10.② 11.③ 12.④

13 글의 제목으로 가장 적절한 것은?

Innovation is often confused with invention but the two are different. The act of inventing means to design and create new products. Innovation starts with creative ideas that can lead to inventions. Not everyone can be an inventor, but anyone can be an innovator. Innovation is something that average people do every day. It can be a broad concept such as building the Internet and the bar code. But it also includes small improvements that help you run your life better, or help your small business grow. These small innovations take place every day and make life better for everyone.

① Invention of the Internet
② Everyone Can Be an Innovator
③ Ways to Sell New Products
④ What Saves Your Life

14 글의 주제로 가장 적절한 것은?

Soon after the Louisiana Purchase was made in 1803, Lewis and Clark were chosen by President Thomas Jefferson to go on an expedition. They were to explore the new territory. Their extraordinary trip of eight thousand miles lasted twenty-eight months. Along the way, they recorded land formations, rivers, possible future roads, plant and animal life, and the habits and attitudes of the Indians.

① the mistakes of the two expedition leaders
② how Louisiana was purchased
③ when the map of the new territory was made
④ the exploration of Lewis and Clark

13 단어 innovation 혁신 invention 발명 take place (특히 미리 준비되거나 계획된 일이) 개최되다[일어나다]

해석 「혁신은 종종 발명과 혼동되지만 둘은 다르다. 발명하는 행위는 새로운 제품을 디자인하고 창조하는 것을 의미한다. 혁신은 발명으로 이어질 수 있는 창의적인 아이디어에서 시작된다. 모든 사람이 발명가가 될 수 있는 것은 아니지만, 누구나 혁신가가 될 수 있다. 혁신은 보통 사람들이 매일 하는 것이다. 인터넷과 바코드 구축 등 넓은 개념일 수 있다. 그러나 그것은 또한 당신의 삶을 더 잘 운영하도록 돕거나 당신의 작은 사업이 성장하도록 돕는 작은 개선사항을 포함한다. 이러한 작은 혁신은 매일 일어나 모든 사람들의 삶을 더 좋게 만든다.」

보기 ① 인터넷의 발명
② 누구나 혁신가가 될 수 있다.
③ 신제품 판매 방법
④ 당신의 생명을 구하는 것

14 단어 expedition 탐험 territory 지역, 영토

해석 「1803년 루이지애나주 매입이 이루어진 직후, 루이스와 클라크는 토마스 제퍼슨 대통령에 의해 탐험에 참여하기 위해 선택되었다. 그들은 새로운 지역을 개척할 예정이었다. 그들의 8천 마일의 특별한 여행은 28개월 동안 계속되었다. 도중에 그들은 토지 조성, 강, 가능성 있는 미래의 도로, 식물과 동물의 생활, 인디언들의 습관과 태도를 기록했다.」

보기 ① 두 탐험 대장의 실수
② 루이지애나 구입 방법
③ 새로운 지역의 지도가 만들어졌을 때
④ 루이스와 클라크의 탐험

답 13.② 14.④

15 한 가정의 아이들이 서로 다른 이유로 다음 글에서 언급 되지 않은 것은?

> It is interesting to notice that in a family of several children, the children are usually very different from each other. To explain the differences, psychologists point out that even with the same parents, each child's environment is a little different. Furthermore, each child reacts to his or her environment differently because of differences in personality. Other people explain the differences between children in the same family as an act of destiny: Each of us is created the way we are.

① 처한 환경
② 성격
③ 출생 순서
④ 운명

16 글의 내용과 일치하는 것은?

> Halifax is an important port for ships crossing the Atlantic Ocean. It was rebuilt after the famous explosion of 1917, caused by the two ships colliding in Halifax harbour. On the streets and in the bars, you can meet sailors from all over the world enjoying their short vacation in this beautiful city. During the Buskers' Festival in the summer, there are many exciting events including a parade of ships.

① Halifax는 1917년의 폭발 사건을 겪지 않았다.
② Halifax는 태평양 연안에 위치해 있다.
③ Halifax에서 휴가를 즐기는 전 세계에서 온 선원들 을 볼 수 있다.
④ Buskers' Festival은 봄에 Halifax에서 열린다.

---

15 (단어) point out 가리키다, 지적하다
(해설) 「몇몇의 아이들이 있는 가족에서, 아이들은 보통 서로 매우 다르다는 것을 알아차리는 것은 흥미롭다. 그 차이를 설명하기 위해, 심리학자들은 같은 부모라도, 각 아이의 환경이 약간 다르다고 지적한다. 게다가, 각각의 아이들은 성격 차이 때문에 그들의 환경에 다르게 반응한다. 다른 사람들은 운명적 행동으로써 같은 가족 내의 아이들 사이의 차이점을 설명한다 : 우리들 각자는 우리가 있는 그대로 창조된다.」

16 (단어) Halifax 캐나다의 항구 도시 Atlantic Ocean 대서양 collide 충돌하다 harbour 항구
(해설) 「핼리팩스는 대서양을 횡단하는 선박의 중요한 항구다. 그것은 핼리팩스 항구에서 두 배가 충돌하면서 생긴 1917년의 유명한 폭발 후에 재건되었다. 이 아름다운 도시에서 짧은 휴가를 즐기고 있는 전 세계의 선원들을 길거리와 술집에서 만날 수 있다. 여름철 버스커의 축제 기간에는 선박 행렬을 포함한 흥미진진한 행사가 많다.」

답 15.③ 16.③

17

The invention of the ski has contributed greatly to society. Unlike today, early skis were not used for fun but for transportation. They were made of wood and were not designed for speed. They were simply used to help a person to walk on the snow. However, it is not clear when they were invented. The world's oldest ski was discovered in Sweden in 1924. It is 80 inches long and 6 inches wide, that is, a little longer than and twice as wide as modern skis.

① Early skis were used for transportation.
② Early skis were made of wood.
③ Early skis were invented in 1924.
④ The oldest ski is a little longer than modern skis.

18

We dream during the REM (rapid eye movement) stage of sleep. We have about five periods of REM sleep during the night. The first REM cycle lasts about 10 minutes. As the night goes on, the REM cycle gets longer. By early morning, the REM cycle can last up to 90 minutes. Usually, it is in this last REM cycle that we remember our dreams. Dreams change as people become older. Babies dream about half of the time they are asleep. At age eight or nine, children start to tell their dreams as stories. People in their 20's and 30's say that many of their dreams are about feeling guilty for things that they did. Older men usually dream about work or their families.

① 첫 REM 주기는 약 10분 정도 지속된다.
② 우리가 기억하는 꿈은 주로 마지막 REM 주기에 꾼 것이다.
③ 8, 9세에 아이들은 꿈에 대한 이야기를 시작한다.
④ 20, 30대 사람들은 일과 가족에 대한 꿈을 많이 꾼다.

17 해설 ③ 스키가 언제 발명되었는지는 분명하지 않고, 다만 1924년에 스웨덴에서 발견된 스키가 세계에서 가장 오래된 것이다.

해석 「스키의 발명은 사회에 크게 기여했다. 오늘날과 달리, 초기의 스키들은 재미을 위해 사용되지 않고 교통수단으로 사용되었다. 그것들은 나무로 만들어졌고 속도를 위해 설계되지 않았다. 그것들은 단순히 사람이 눈 위를 걷는 것을 돕는 데 사용되었다. 그러나 언제 발명되었는지는 분명하지 않다. 세계에서 가장 오래된 스키가 1924년 스웨덴에서 발견되었다. 그것은 길이 80인치, 너비 6인치, 즉 현대 스키보다 약간 길고 두 배나 넓다.」

보기 ① 초기의 스키들은 교통수단으로 사용되었다.
② 초기의 스키들은 나무로 만들어졌다.
③ 초기의 스키들은 1924년에 발명되었다.
④ 가장 오래된 스키가 현대 스키보다 조금 더 길다.

18 단어 REM(rapid eye movement) 렘, (수면 중의) 급속 안구 운동

해석 「우리는 수면 중 REM(급속 안구 운동) 단계 동안에 꿈을 꾼다. 우리는 밤 동안 약 다섯 차례의 REM 수면을 한다. 첫 번째 REM 주기는 약 10분 동안 지속된다. 밤이 깊어갈수록, REM 주기가 길어진다. 이른 아침쯤에는 REM 주기가 90분까지 지속될 수 있다. 보통, 우리가 우리의 꿈을 기억하는 것은 이 마지막 REM 주기이다. 꿈은 사람들이 나이가 들수록 변한다. 아기들은 잠자는 시간의 절반 정도를 꿈꾼다. 8살이나 9살쯤의 아이들은 그들의 꿈을 이야기처럼 말하기 시작한다. 20, 30대 사람들은 그들의 꿈의 대부분이 자신이 한 일에 대해 죄책감을 느끼는 것이라고 말한다. 나이 든 남자들은 보통 일이나 그들의 가족에 대해 꿈을 꾼다.」

답 17.③ 18.④

19

Everyone who is out of work can receive financial help from the government until he or she finds a job. Usually, the financial help takes the form of _____.
The amount a person receives depends on his or her conditions, such as, whether the person is married and has children. A person may receive extra money to cover such items as rent or the money he or she borrowed to buy a home.

① agreements of employment

② unemployment benefit

③ employment market

④ mass unemployment

20

The key to a successful franchise can be expressed in one word: "_____."
Franchises and chain stores try hard to offer exactly the same product or service at many locations. Customers are attracted to familiar brands to avoid the unknown. A brand offers a feeling of comfort when its products are always and everywhere the same.

① uniqueness

② uniformity

③ advertisement

④ adventure

19 해설 「실직자는 누구나 일자리를 구할 때까지 정부로부터 재정 지원을 받을 수 있다. 보통, 재정적인 도움은 실업 수당의 형태를 취한다. 사람이 받는 액수는 그 사람이 결혼을 했고 아이가 있는지와 같은 그 사람의 조건에 따라 달라진다. 사람은 임대료나 집을 사기 위해 빌린 돈을 충당하기 위해 여분의 돈을 받을 수 있다.」

보기 ① 고용 협정
② 실업 수당
③ 고용 시장
④ 대량 실업

20 해설 「성공적인 프랜차이즈의 열쇠는 '균일성'이라는 한 단어로 표현할 수 있다. 프랜차이즈와 체인점들은 많은 장소에서 정확히 같은 제품이나 서비스를 제공하기 위해 열심히 노력한다. 고객들은 미지의 것을 피하기 위해 친숙한 브랜드에 끌린다. 브랜드는 제품이 언제 어디서나 똑같을 때 편안함을 준다.」

보기 ① 유일함
② 한결같음, 균일성
③ 광고
④ 모험

답 19.② 20.②

※ 밑줄 친 부분과 의미가 가장 가까운 것을 고르시오.
【1 ~ 2】

1

A large crowd <u>assembled</u> at the appointed time.

① confessed ② concluded

③ contributed ④ congregated

2

Susie began to get <u>fed up with</u> her friend Marcus because he was complaining about everything.

① sick of ② boastful of

③ worried about ④ sympathetic to

※ 의미상 밑줄 친 부분에 들어갈 말로 가장 적절한 것을 고르시오. 【3 ~ 5】

3

Murphy won his second consecutive national championship last week by _____ Tom.

① noticing ② defeating

③ suspecting ④ approaching

---

1 단어 crowd 군중 assemble 모이다
해석 「많은 군중이 정해진 시간에 <u>모였다</u>.」
보기 ① 자백하다, 인정하다
② 결론을 내리다
③ 기증하다
④ 모이다

2 단어 fed up with 진저리가 나다
해석 「Susie는 그녀의 Marcus에게 <u>진저리가 나기</u> 시작했다. 왜냐하면 그가 모든 것에 대해 불평하고 있었기 때문이다.」
보기 ① ~에 신물이 난
② ~에 대해 자랑하는
③ ~에 대해 걱정하는
④ ~을 동정하는

3 단어 consecutive 연이은
해석 「머피는 지난주에 톰을 <u>물리침</u>으로써 그의 두 번째 국가 선수권을 연속으로 재패했다.」
보기 ① 주목함
② 물리침
③ 의심함
④ 접근함

답 1.④ 2.① 3.②

4

> The price of this product is 10 dollars _____ delivery charges. You need to pay extra in order to have it brought to you.

① along with

② in conjunction with

③ exclusive of

④ on account of

5

> The best known _____ are preservatives, colors, and flavors, but many others are commonly used, such as antioxidants, thickeners, and sweeteners. Some of these _____ are essential in our modern world.

① additives

② nutrients

③ dressings

④ antibiotics

6 어법상 밑줄 친 부분에 들어갈 말로 가장 적절한 것은?

> _____ you need to speak with a counselor, please call our office at the number listed below.

① Can   ② May

③ Could   ④ Should

7 어법상 옳은 것은?

① You will have difficulty presenting any positive image.

② How effectively are media advisors in electing a candidate?

③ His overall approval rating has hovered around 70 % last year.

④ His popularity remained highly throughout his first term in office.

8 우리말을 영어로 가장 바르게 옮긴 것은?

① 그녀는 몇 가지 건강 문제가 있다.

→She has a few health trouble.

② 늘 집에 앉아만 있지 말고 밖으로 나가지 그러니?

→Why don't you go out instead of sitting at home all the time?

③ 이번 주말에 해변에 가는 것에 대해 어떻게 생각하니?

→How do you think about going to the beach this weekend?

④ 당신이 즐겁게 지냈다면 휴가 비용은 문제가 되지 않는다.

→Your holiday cost doesn't matter unless you enjoyed yourself.

---

7 보기 「① 당신은 긍정적인 이미지를 제시하는 데 어려움을 겪을 것이다.

② 후보를 선출하는 데 있어 방송 자문위원들이 얼마나 효과적인가?

③ 그의 전반적 지지율은 작년에 대략 70%에서 맴돌았다.

④ 그의 인기는 그의 첫 임기 전반에 걸쳐 높은 수준에서 유지되고 있었다.」

해설 ② media advisor들이 electing a candidate에 있어 얼마나 효과적인지를 묻고 있으므로 형용사가 와야 한다. effectively → effective

③ last year는 과거이므로 현재완료와 쓰일 수 없다. has hovered → hovered

④ remain(여전히 ~이다)은 2형식 불완전 자동사로 형용사를 보어로 취한다. highly → high

8 해설 ① a few는 복수명사를 취한다. trouble → troubles

③ think의 목적어는 명사가 되어야 하므로 의문대명사가 필요하다. How → what

④ unless는 '~하지 않는 한'으로 'if not'의 의미이다. unless → if

답 7.① 8.②

※ 밑줄 친 부분에 들어갈 말로 가장 적절한 것을 고르시오.
【9 ~ 10】

9

> A : Is there anything I can do to help you?
> B : Well, I'd like to buy a badminton racket, but there are so many brands and styles here that I don't know which one to choose.
> A : How well do you play?
> B : _____.

① I have played only four times
② I love playing badminton on the weekends
③ I want one thatn's manufactured in Korea
④ I donn't know yet whether In'll continue to play

10

> A : How's your ping-pong game these days? Still playing?
> B : No, not much. I just don't seem to find the time these days.
> A : _____! You used to enjoy it so much.
> B : It's true. OK, Tom. I've got to run. I'm late for a meeting.
> A : OK. I'll let you go. Bye. Have a good weekend!
> B : Same to you!

① Call it a day
② What a shame
③ Just you wait
④ None of your business

9 해설 「A : 내가 좀 도와줄까?
　　　 B : 음, 나는 배드민턴 라켓을 사고 싶은데, 여기에 브랜드와 스타일이 너무 많아서 뭘 골라야 할지 모르겠어.
　　　 A : 너는 얼마나 잘 치니?
　　　 B : 나는 겨우 네 번 해 봤어.」
보기 ① 나는 겨우 네 번 해 봤어.
　　 ② 나는 주말에 배드민턴 치는 것을 좋아해.
　　 ③ 나는 한국에서 생산된 것을 원해.
　　 ④ 내가 계속해서 칠 수 있을지 모르겠어.

10 해설 「A : 요즘 탁구 게임은 어때? 아직도 하고 있어?
　　　 B : 아니, 많지 않아. 요즘은 시간이 별로 없어.
　　　 A : 그거 유감이네! 너는 그것을 아주 많이 즐기곤 했잖아.
　　　 B : 사실이야. 그래, Tom. 나 서둘러야 해. 회의에 늦었어.
　　　 A : 그래, 어서 가 봐. 안녕. 주말 잘 보내!
　　　 B : 너도!」
보기 ① 이제 끝이야!
　　 ② 그거 유감이네!
　　 ③ 두고 봐!
　　 ④ 상관 마!

답 9.① 10.②

11 우리말을 영어로 가장 바르게 옮긴 것은?

> 왕은 그 남자를 묶어 감옥에 넣게 했다.

① The king had the man tied up and put in prison.
② The king tied up and had the man to put in prison.
③ The king had the man tying up and putting in prison.
④ The king had the man to be tied up and put in prison.

12 우리말을 영어로 잘못 옮긴 것은?

① 나는 그와 헤어졌다.
→I broke up with him.
② 수업료를 실제로 환불 받았다.
→Those lessons really paid off.
③ 나는 수업 중에 계속 졸았다.
→I kept dozing off in class.
④ 나는 즉석에서 시 한편을 썼다.
→I wrote a poem on the spot.

13 밑줄 친 대명사가 지시하는 것은?

> The primary principle in good discipline is caring relationships that exist between a teacher and the students. Sure, anyone can correct a child. Others can monitor or police their behaviors. But for the whole thing to work, students must desire to please their teachers and conform to the expectations that are held for <u>them</u>.

① teachers
② students
③ behaviors
④ relationships

11 **해설** The king had(사역동사) the man(목적어) tied up(목적보어1) and put(목적보어2) in prison.

12 **해설** ② pay something off는 '~을 다 갚다'의 의미이다. '환불 받았다'의 의미로 쓰려면 paid off → paid back으로 고쳐야 한다.

13 **단어** primary 주요한 discipline 규율, 훈육
해설 「훌륭한 훈육의 주요한 원칙은 선생님과 학생 사이에 존재하는 관계를 신경 쓰는 것이다. 물론, 누군가 아이를 바로잡을 수 있다. 다른 사람들은 그들의 행동을 감시하거나 규제할 수 있다. 그러나 모든 것이 효과적이기 위해서, 학생들은 그들의 선생님을 기쁘게 하기를 원해야 하고 그들에게(학생들에게) 여겨지는 기대에 부응하기를 원해야 한다.」

답 11.① 12.② 13.②

14 글의 목적으로 가장 적절한 것은?

Hello, I'm Helen, the secretary of World Reading. Thank you for your interest in our magazine. As new or renewing members of our magazine, you may not realize that you must check a box that appears in the My Profile section of our website in order to get emails from us. Even if you were once signed up, and then renewed, you will need to recheck the box to get our emails. If you need any help, please contact me at 836－6447. Thank you.

① 잡지 구독을 권유하려고
② 새로 나온 잡지를 홍보하려고
③ 이메일 받는 방법을 안내하려고
④ 온라인 회원 가입 방법을 소개하려고

15 문맥상 밑줄 친 부분에 들어갈 말로 가장 적절한 것은?

Dentists offer a number of reasons so many preschoolers suffer from extensive dental decay. Though they are not necessarily new, they have combined to create a growing problem: sweet drinks at bedtime, parents who choose bottled water rather than fluoridated tap water for their children, and a lack of awareness that infants should, according to pediatric experts, visit a dentist by age 1 to be assessed for future cavity risk, even though they may ＿＿＿＿＿＿＿＿.

① eat very much
② be physically mature
③ have only a few teeth
④ be kept from brushing their teeth

14 단어 secretary 비서 renewing 갱신
해석 「안녕하세요. 저는 World Reading의 비서 Helen입니다. 저희 잡지에 관심을 가져주셔서 감사드립니다. 저희 잡지에 새로운 또는 갱신 회원으로서, 당신은 저희로부터 이메일을 받기 위해서는 저희 웹사이트 My Profile 섹션에 보이는 박스를 확인해야 한다는 것을 모르실 수도 있습니다. 당신이 한 번 등록하고 갱신하셨더라도 저희 이메일을 받기 위해서는 다시 그 박스를 확인하셔야 합니다. 도움이 필요하시면 836–6447로 제게 연락주세요. 감사합니다.」

15 단어 preschooler 취학 전의 아동 fluoridate 불소를 넣다 tap water 수돗물 infant 유아 pediatric 소아과의 cavity (치아에 생긴) 구멍, 충치
해석 「치과의사들은 매우 많은 미취학 아동들이 광범위한 충치로 고생하는 여러 이유를 제공한다. 그것들이 반드시 새롭지는 않지만, 그들은 점점 커져가는 문제를 만들어 냈다 : 잘 시간에 달콤한 음료, 아이들을 위해 불소를 넣은 수돗물보다는 병에 든 물을 선택하는 부모들, 그리고 소아과 전문가들에 따르면 유아들은 비록 그들이 치아가 얼마 없더라도 미래의 충치 위험을 평가하기 위해서 1세까지 치과에 방문해야 한다는 인식의 부족」
보기 ① 매우 많이 먹는다.
② 신체적으로 성숙해진다.
③ 치아가 얼마 없다.
④ 이를 닦지 못하다.

답 14.③ 15.③

16 글의 주제로 가장 적절한 것은?

In response to a war between Arabs and Israelis in 1973, Arab nations suddenly cut off all shipments of oil to Israel's ally, the United States. For the next few weeks, Americans experienced a discomfort that they had not known before; millions of them were compelled to sit each day in their cars waiting in line for gasoline. In the United States since World War II, people had taken an abundant supply of cheap energy resources —oil especially—for granted and created an energy-consuming society. Now, there were shortages everywhere.

① Oil as a cheap energy resource
② The 1973 oil crisis in the United States
③ Energy war between Arabs and Israelis
④ The United States as an energy-consuming society

17 글의 요지로 가장 적절한 것은?

Men always believe they need a way to make themselves seem more successful and charming than they really are. So after we buy our fancy cars and after we make sure we're seen talking importantly into our phones, we all do one other thing. We make up stories which we think are fascinating about ourselves. We hold on to these stories like aces in a poker game. When we need to make a big splash—for example, when we meet a woman who we have decided should adore us—we throw down our cards and tell our first lies.

① 남자는 물질적인 부를 동경하는 습성이 있다.
② 남자는 선천적으로 도박에 빠지기 쉬운 면이 있다.
③ 남자는 이성의 사랑을 얻으려고 노력하는 속성이 있다.
④ 남자는 자신의 모습을 실제와는 다르게 포장하는 경향이 있다.

16 **해설** 주제는 글의 내용을 포괄적으로 포함하면서도 핵심을 표현해야 한다. 따라서 ②가 가장 적절하다.

단어 shipment 수송 ally 동맹국 be compelled to 부득불 ~하다(마지못하다) abundant 풍부한 take somebody/something for granted ~을 당연시하다

해석 「1973년 아랍인들과 이스라엘인들 간의 전쟁에 대응하여 아랍 국가들은 갑자기 이스라엘의 동맹국인 미국으로 가는 모든 석유 수송을 중단시켰다. 그 다음 몇 주 동안 미국인들은 그들이 이전에는 알지 못했던 불편함을 경험했다; 그들 중 수많은 사람들은 부득불 가솔린을 위한 줄에서 매일 그들의 차에 앉아 기다렸다. 2차 세계대전 이래로 미국에서, 사람들은 값싼 에너지 자원의 - 특히 석유 - 풍부한 공급은 당연한 일로 여겨져 왔고 에너지-소비 사회를 만들어 왔다. 이제, 도처에 부족이 있었다.」

보기 ① 값싼 에너지 자원으로서의 석유
② 1973년 미국에서의 석유 파동
③ 아랍인과 이스라엘인 간의 에너지 전쟁
④ 에너지-소비 사회로서의 미국

17 fancy 값비싼
「남자들은 항상 그들이 실제로 그런 것보다 그들 스스로가 더 성공적이고 매력적으로 보이게 하는 방법이 필요하다고 믿는다. 그래서 우리는 값비싼 차를 산 후에, 그리고 우리가 전화로 중요하게 통화하는 것을 보인 후에, 우리는 모두 한 가지 다른 일을 한다. 우리는 우리가 생각하기에 우리 스스로에 대한 매력적인 이야기를 지어낸다. 우리는 포커 게임의 에이스들처럼 이런 이야기들을 고수한다. 우리가 대성공을 만들 필요가 있을 때 - 예를 들어 우리가 우리를 좋아해야 한다고 결정한 여성을 만났을 때 - 우리는 우리의 카드를 던지고 우리의 첫 거짓말을 말한다.」

답 16.② 17.④

18 다음 글의 lunar eclipses에 관한 내용과 일치하는 것은?

> Lunar eclipses have always fascinated people. Some study eclipses as an astronomical phenomenon; others just enjoy observing their beauty. However, in ancient —and even in more recent—times, lunar eclipses were mysterious, unpredictable, and frightening. In the past, people believed that eclipses were bad omens, or signs. Today, scientists can predict lunar eclipses. We no longer fear them as evil omens. However, it is not difficult to understand how, in the past, people believed that eclipses were signs of disaster because they did not understand their true cause.

① To ancient people, they were not mysterious at all.

② People in the past regarded them as evil omens.

③ Many people today easily read signs of disaster in them.

④ Their true cause has so long been unknown that even now we cannot predict them.

---

18 **단어** eclipse (일식 · 월식의) 식 Lunar eclipse 월식 astronomical phenomenon 천문 현상 bad omen 불길한 조짐

해석 「월식은 항상 사람들을 매혹해 왔다. 일부 천문 현상으로서 식 연구; 그 밖의 연구들은 단지 그들의 아름다움을 관찰하는 것을 즐긴다. 그러나 고대 시대에 – 그리고 심지어 더 최근까지 – 월식은 신비롭고 예측할 수 없고 무서운 것이었다. 과거에 사람들은 식을 불길한 조짐 또는 징후라고 믿었다. 오늘날, 과학자들은 월식을 예측할 수 있다. 우리는 더 이상 그것들을 악마의 징조라고 여기며 두려워하지 않는다. 그러나 어떻게, 과거에, 사람들이 식이 재앙의 징후라고 믿었는지를 이해하는 것은 어렵지 않다. 왜냐하면 그들은 그것들의 진짜 원인을 이해하지 못했기 때문이다.」

보기 ① 고대의 사람들에게 그것은 전혀 신비하지 않았다.
② 과거의 사람들은 그것을 불길한 조짐으로 간주했다.
③ 많은 사람들은 오늘날 쉽게 그것들에서 재앙의 징후를 읽는다.
④ 그것들의 진짜 원인은 너무 오랫동안 알려지지 않아서 심지어 지금도 우리는 그것들을 예측할 수 없다.

답 18.②

In 1619—one year before the Mayflower arrived in America—a Dutch ship called at Jamestown and sold some 20 black Africans to the colonists. There was a need for cheap labor on their plantations where tobacco, sugar cane, and, later, cotton were grown. The trade grew fast, serving not only British colonies but those of other European powers in the New World. In 1681, there were some 2,000 slaves in Virginia, but by the mid-nineteenth century, the slave population in America had risen to more than four million. This trade went on for almost two centuries. In the United States, slavery was finally ended in 1865 with the passage of the thirteenth Amendment to the Constitution.

19 윗글의 제목으로 가장 적절한 것은?

① British Colonies
② The End of Slavery
③ The Slave Trade in America
④ The Mayflower and Jamestown

20 윗글의 내용과 일치하지 않는 것은?

① The Mayflower arrived in America in 1620.
② The colonists grew tobacco, sugar cane, and cotton.
③ Around the 1850s, there were more than four million slaves in Virginia.
④ The thirteenth Amendment to the Constitution was passed in 1865.

【19 ～ 20】
단어 colonist 식민지 주민　plantation 농장
해석 「1619년에 – Mayflower호가 미국에 도착하기 1년 전 – 네덜란드 선박은 Jamestown에 방문했고 약 20면의 흑인 아프리카인들을 식민지 주민들에게 팔았다. 그들은 담배, 사탕수수, 그리고 나중에 목화가 재배된 그들의 농장들에 값싼 노동력이 필요했다. 영국의 식민지들뿐만 아니라 신세계의 다른 유럽 강대국들의 식민지들에 기여하면서 무역은 빠르게 성장했다. 1681년, 버지니아에 약 2,000명의 노예들이 있었다. 그러나 19세기 중반까지 미국의 노예 인구는 4백만 명 이상으로 증가했다. 이 무역은 거의 2세기 동안 계속되었다. 미국에서 노예제도는 1865년 제13차 헌법 개정의 통과로 마침내 끝나게 되었다.」

19 **보기** ① 영국의 식민지들
② 노예제도의 종료
③ 미국의 노예 무역
④ Mayflower호와 Jamestown

20 **보기** ① Mayflower호는 1620년에 미국에 도착했다.
② 식민지 주민들은 담배, 사탕수수, 그리고 목화를 키웠다.
③ 1850년경 버지니아에는 4백만 명이 넘는 노예가 있었다.
④ 1865년 제13차 헌법 개정이 통과되었다.

답 19.③　20.③

※ 밑줄 친 부분과 의미가 가장 가까운 것을 고르시오.
【1 ~ 4】

1

All men are <u>endowed</u> with reason and conscience.

① obsessed
② intimidated
③ content
④ provided

1 단어 be endowed with something ~ 타고 나다 reason 이성 conscience 양심
해석 「모든 사람은 이성과 양심을 <u>타고났다</u>.」
보기 ① (귀신, 망상 따위가)붙다, 들리다, (늘)괴로워하다
② (특정 상황에서 자신감을 잃고) 겁을 내는
③ (자기가 가진 것에) 만족하는
④ 제공받다

2

All the graduate scholarships are <u>tenable</u> for one year, while undergraduate scholarships can only be held for one academic semester.

① original
② sensitive
③ maintained
④ optional

2 단어 scholarship 장학금 tenable 유지되는 undergraduate 학부생 semester 학기
해석 「모든 대학원 장학금은 1년 동안 <u>유지되는</u> 반면, 학부생 장학금은 한 학기 동안만 지속된다.」
보기 ① 원래의
② 세심한
③ 유지하다
④ 선택적인

3

A fall in sales was a pretext to <u>lay off</u> some of the staff.

① scold
② motivate
③ reinforce
④ dismiss

3 단어 pretext 구실, 핑계 lay off 해고하다
해석 「판매 감소는 일부 직원을 <u>해고하기</u> 위한 구실이었다.」
보기 ① 야단치다
② 동기를 부여하다
③ 강화하다
④ 해고하다

4

He never <u>lets down</u> a friend in need.

① encourages
② ridicules
③ supports
④ disappoints

4 단어 let down ~의 기대를 저버리다, ~를 실망시키다 in need 어려움에 처한
해석 「그는 어려움에 처한 친구를 절대 <u>실망시키지</u> 않는다.」
보기 ① 격려하다
② 조롱하다
③ 지지하다
④ 실망시키다

답 1.④ 2.③ 3.④ 4.④

5 밑줄 친 부분 중 어법상 옳지 않은 것은?

> Apart from the extent ① to which Chinese hegemony at times brought occasional order to the region, an international society has not existed in East Asia ② as it has in Western Europe. Europe ③ has been bound together by an extraordinarily dense complex of international institutions. East Asia had ④ comparable nothing except ASEAN, which does not include any major powers.

6 어법상 옳지 않은 것은?

① I think you should get your hair cut.
② I will call you when he gets home.
③ This movie seems to be interested.
④ Try to think in English always.

※ 우리말을 영어로 잘못 옮긴 것을 고르시오. 【7～8】

7 ① 잠과 두뇌의 관계는 음식과 몸의 관계와 같다.
　→Sleep is to the brain what food is to the body.
② 그의 직업은 재미있을 뿐만 아니라 보수도 매우 좋다.
　→His job is not only interesting but also very well-paid.
③ 우리는 그가 내리는 어떠한 결정도 지지할 것이다.
　→We will support whatever decision he makes.
④ 그는 형을 많이 닮았다.
　→He is closely resembled by his older brother.

5 해설 ④ nothing, something, anything 등 ～ing로 끝나는 명사는 수식어가 뒤에 온다. 따라서 comparable nothing → nothing comparable로 고쳐야 한다. apart from ～을 제외하고, 별개로 hegemony 패권 occasional 이따금의 extraordinarily 대단히 dense 밀집한
해석 「중국의 패권주의가 때때로 그 지역에 이따금의 질서를 가져다 준 정도와 별개로, 국제 사회는 서유럽에서 그랬던 것처럼 동아시아에서 존재하지 않았다. 유럽은 엄청나게 밀집된 국제 기구들에 의해 결속되어 왔다. 동아시아는 주요 강대국들이 포함되지 않은 ASEAN 외에는 비교할 만한 것이 없었다.」

6 해설 ③ '～처럼 보이다'는 'seem to be + ～ing' 형태로 쓴다. 따라서 interested → interesting으로 고쳐야 한다.
보기 ① 내 생각에 너는 머리를 잘라야 할 것 같아.
② 그가 집에 오면 내가 전화할게.
③ 이 영화는 흥미로워 보인다.
④ 항상 영어로 생각하도록 노력하라.

7 해설 ④ resemble은 수동형으로 쓸 수 없다. 따라서 by를 삭제한다.

답 5.④ 6.③ 7.④

8 ① 네가 그렇게 말하는 것이 당연하다.

→ You have good reason to say so.

② 오늘 너는 학교에 그렇게 일찍 올 필요가 없었는데.

→ You needn't have come to school so early today.

③ 그 파티에 가느니 차라리 나는 집에 있겠다.

→ I would rather stay home than going to the party.

④ 그들은 만날 때마다 싸운다.

→ They never meet without quarreling.

※ 밑줄 친 부분에 들어갈 말로 가장 적절한 것을 고르시오.
【9 ~ 11】

9

A : What are you looking at, Brian?

B : Oh, hi, Rachel. This is a website about backpackers. I'm planning to go on a trip this summer vacation.

A : I see. Where are you going for your trip?

B : I'm going to Jeju Island. I'm really excited because it's my first time to go alone.

A : Wow, _____.

B : Right. I'm really looking forward to it.

① I'm glad you can make a website

② I'm sure you can't wait for your trip

③ you must have had a great time there

④ you need to choose a vacation place

---

8 보기 ③ would rather A than B는 B보다 A를 하고 싶다는 표현으로 A, B에는 동사원형을 쓴다. 따라서 going → go로 고쳐야 한다.

9 해석 「A : 브라이언, 뭘 보고 있어?

B : 오, 안녕, 레이첼. 이건 배낭여행자에 대한 웹사이트야. 나는 이번 여름 휴가에 여행을 갈 계획이거든.

A : 그렇구나. 어디로 여행을 갈 거야?

B : 난 제주도에 갈 거야. 나 혼자 가는 게 처음이라 너무 신나.

A : 와우, 넌 분명 (조바심이 나서) 네 여행을 기다릴 수 없을 거야.

B : 그래. 정말 기대돼」

보기 ① 네가 웹사이트를 만들 수 있어서 기뻐.

② 넌 분명 (조바심이 나서) 네 여행을 기다릴 수 없을 거야.(= 기대가 커서 기다리기 힘들다)

③ 너는 그곳에서 즐거운 시간을 보냈겠구나.

④ 너는 휴가 장소를 선택해야 해.

답 8.③ 9.②

10

A : Umm... Smells good. Wow! You're making a pork cutlet.
B : Yes. I found a nice recipe online.
A : The smell makes my mouth water.
B : Are you hungry now?
A : Why not? _____.
B : Sorry but I need a couple of minutes more.
A : I can wait. While waiting, I'll give you a hand.

① I'm all thumbs today
② I want a doggy bag, please
③ I could eat a horse now
④ I have other fish to fry

11

A : Have you heard about Paul? He's gotten a promotion.
B : You're kidding.
A : Nope. They made him Vice-President in charge of sales.
B : Oh, I don't believe it. He's only been with the company two years.
A : Well, it's true. The board met last Friday, and they chose Paul.
B : _____.

① As the saying goes, even Homer sometimes nods
② It's hard to believe, but good for him anyway
③ Thank you for your offer, but I can't accept it
④ As I expected, he finished it very fast

12 A와 B의 대화 중 가장 어색한 것은?

① A : I don't know why I'm so tired.
   B : You should try to get some sleep.

② A : Did you watch the game last night?
   B : Oh, I meant to, but I was too tied up.

③ A : Wow, why is it so hot in this room?
   B : Do you want me to open the windows?

④ A : I can't believe he broke the world record.
   B : What a shame! He should've tried harder.

※ 글의 내용과 일치하는 것을 고르시오. 【13 ~ 14】

13

Changing people's habits takes time. Even though many people are interested in watching television on the Internet, some may not want to make the switch completely. And some might be persuaded to, but only under certain circumstances. According to Harris, almost half of television viewers (44 percent) would cancel their cable television if they could get the same programs for free online. However, the number fell to 16 percent when people were told they had to pay a small fee for online viewing. This is strange, since most household's monthly cable bills are more than what they would pay for the same shows online. It's possible that people have become so used to getting online entertainment for free that they learn not to value it as much.

① 사람들이 습관을 바꾸는 데 시간이 많이 걸리지는 않는다.

② 케이블 TV 시청자들은 어떤 경우에도 온라인 시청을 좋아하지 않는다.

③ 대부분의 케이블 TV 시청료는 온라인 시청 비용보다 비싸다.

④ 사람들은 모든 온라인 프로그램을 유료로 시청해야 한다.

---

12 보기 ① A : 왜 이렇게 피곤한지 모르겠어.
   B : 잠을 좀 자도록 해.
② A : 어젯밤에 경기 봤어?
   B : 아, 그럴 생각이었는데, 너무 바빴어.
③ A : 와우, 이 방은 왜 이렇게 덥니?
   B : 창문 좀 열까?
④ A : 그가 세계 기록을 깼다니 믿을 수 없어.
   B : 정말 안됐어! 더 노력했어야지.

13 단어 switch 바꾸다   persuade 설득하다
circumstances 사정, 상황

해석 「사람들의 습관을 바꾸는 것은 시간이 걸린다. 비록 많은 사람들이 인터넷으로 텔레비전을 보는 것에 관심이 있지만, 어떤 사람들은 완전히 바꾸고 싶어하지 않을 수도 있다. 그리고 어떤 사람들은 특정한 상황하에서만 설득될 수 있다. 해리스에 따르면, 텔레비전 시청자의 거의 절반(44%)이 동일한 프로그램을 온라인에서 무료로 얻을 수 있다면 케이블 TV를 취소할 것이라고 한다. 하지만, 사람들이 온라인 시청을 위해 적은 요금을 내야 한다는 말을 들었을 때, 이 숫자는 16퍼센트로 떨어졌다. 이것은 이상하다. 대부분의 가정의 월간 케이블 청구서가 그들이 온라인으로 동일한 프로그램에 지불하는 비용보다 더 많기 때문이다. 사람들이 무료로 온라인 엔터테인먼트를 얻는 것에 너무 익숙해져서 그것을 그렇게 가치 있게 여기지 않아서 가능하다.」

답 12.④ 13.③

14

In a little library, with its throw pillows where children sit to be read to, there are few classic fairy tales, like "Cinderella" or "Snow White," with their heavy male and female stereotypes, but there are many stories that deal with single parents, adopted children or same-sex couples. Girls are not urged to play with toy kitchens, and wooden blocks are not considered toys for boys. And when boys hurt themselves, teachers are taught to give them every bit as much comforting as they would girls.

① 아이들이 직접 책을 읽는다.
② '신데렐라'나 '백설공주' 같은 고전 동화가 많다.
③ 나무블록은 남자아이들만을 위한 장난감으로 여겨지지 않는다.
④ 교사들은 남자아이들이 다치면 아이 스스로 극복하도록 가르친다.

15 주어진 문장이 들어가기에 가장 적절한 곳은?

For example, children were told that if they whistled while bathing their mothers would die.

Among the Akans of Ghana there are several stories told to children to stop them from doing certain things. (①) This was a means to get them out of the bathroom quickly so that others could use it, too. (②) Children whistled but their mothers did not die. (③) So they concluded that adults did not mean what they said. (④) One major area, therefore, where parents ought to set the right example is in what they say to their children, and what they say about others.

14 **단어** throw pillow 소형 쿠션 fairy tale 동화 every bit 전적으로

해설 「작은 도서관에는 아이들이 소형 쿠션을 가지고 앉아서 읽을 수 있는 "신데렐라"나 "백설공주"와 같은, 진부한 여성과 남성의 비중이 큰, 고전적인 동화들은 거의 없지만, 미혼모, 입양아 또는 동성 커플들을 다루고 있는 많은 이야기들이 있다. 소녀들은 장난감 부엌을 가지고 놀도록 강요 받지 않으며, 나무 블록은 소년들을 위한 장난감으로 여겨지지 않는다. 그리고 남학생들이 다쳤을 때, 교사들은 그들도 소녀들이 그랬던 것만큼 많은 위안을 줘야 한다고 가르친다.」

15 **해설** 「가나의 Akan족은 아이들에게 그들이 어떤 일을 하는 것을 멈추게 하는 몇 가지 이야기가 있다. (예를 들어, 아이들이 만약 그들이 목욕하는 동안 휘파람을 불면, 그들의 엄마는 죽을 것이라는 말을 들었다.) 이것은 다른 사람들도 사용할 수 있도록 빨리 화장실에서 그들을 꺼내는 수단이었다. 아이들은 휘파람을 불었지만 엄마는 죽지 않았다. 그래서 그들은(아이들) 어른들은 그들이 말한 것을 의미하지 않는다고 결론지었다. 그러므로, 부모들이 아이들에게 하는 말과 다른 사람들에 대해 말하는 것은 부모들이 올바른 모범을 보여야 하는 주요 영역이다.」

답 14.③ 15.①

16 글의 제목으로 가장 적절한 것은?

Scientists believe that crying has something to do with how humans developed and learned to depend on each other. "Humans are very complex social creatures," says Lauren Bylsma, a professor of psychiatry. "It seems that tears serve to elicit help and support from others." She says another reason we weep is that humans have the longest developmental period of almost any animal. Another psychiatrist agrees. "I think that the reason humans shed emotional tears has to do with our prolonged childhood," he says. "That's the time when we are still dependent on adults for love and protection and care. The major advantage of tears is that you can target them at a specific person."

* psychiatry: 정신의학

① Definition of Complex Social Relations
② Why Humans Cry
③ Disadvantages of Crying
④ Children are Dependent on Adults

※ 밑줄 친 부분에 들어갈 말로 가장 적절한 것을 고르시오.
【17 ~ 18】

17

BS Telecom's net profit jumped along with the sales. Its high performance in both sales and net profit is the result of the IT boom in Latin America. However, the CEO stated that this year he expects ＿＿＿＿＿＿＿＿ because the industry has entered a declining stage.

① its growth to drop
② its business cycle will expand
③ the shrinking will be reversed
④ the weakening will come to a halt

16 단어 prolonged 장기적인
해석 「과학자들은 우는 것은 인간이 어떻게 발달하고 서로 의지하는 법을 배웠는지에 관련이 있다고 믿는다. "인간은 매우 복잡한 사회적 생물이다"라고 정신과 교수인 Lauren Bylsma는 말한다. "눈물은 다른 사람들로부터 도움과 지지를 이끌어내는 데 도움이 되는 것 같다." 그녀는 우리가 우는 또 다른 이유는 인간이 거의 모든 동물 중에서 가장 긴 발달 기간을 가지고 있기 때문이라고 말한다. 또 다른 정신과 의사는 동의한다. "나는 인간이 감정적인 눈물을 흘리는 이유가 우리의 오랜 어린 시절과 관련이 있다고 생각한다."라고 그는 말한다. "그때 우리는 여전히 어른들에게 사랑과 보호와 보살핌을 의존해야 한다. 눈물의 가장 큰 이점은 특정인을 겨냥할 수 있다는 것이다.」
보기 ① 복잡한 사회적 관계의 정의
② 인간이 우는 이유
③ 울음의 단점
④ 아이들은 어른들에게 의존한다.

17 해석 「BS 텔레콤의 순이익은 판매와 함께 급증했다. 매출과 순이익 모두에서 높은 실적을 올린 것은 중남미에서의 IT 붐의 결과다. 하지만 CEO는 업계가 쇠퇴기에 접어들었기 때문에 올해 성장률이 떨어질 것으로 예상한다고 말했다.」
보기 ① 성장이 떨어질 것으로
② 사업 주기가 확장될 것으로
③ 수축이 반전될 것으로
④ 약화가 멈출 것으로

답 16.② 17.①

18

Developments in communications technology have changed the ways in which we communicate. The wide use of the fax machine in the last 30 years has contributed to the decline in sending messages by foot or bicycle. _____, the use of the Internet is lessening the demand for messenger services. Nevertheless, the need to deliver important packages quickly, especially between businesses, has remained steady.

① Likewise   ② Differently

③ For instance   ④ As a result

18 해설 「통신기술의 발달은 우리가 의사소통하는 방법을 바꾸어 놓았다. 지난 30년 동안 팩스기를 광범위하게 사용한 것은 메시지를 발로 또는 자전거로 보내는 것을 줄이는 데 기여했다. <u>마찬가지로</u>, 인터넷의 사용은 메신저 서비스에 대한 수요를 줄이고 있다. 그럼에도 불구하고, 특히 기업들 간에, 중요한 패키지를 신속히 배달해야 할 필요성이 여전히 남아 있다.」

보기 ① 마찬가지로
② 이와 달리
③ 예를 들어
④ 그 결과

※ 다음 글을 읽고 물음에 답하시오. 【19 ~ 20】

A business manager friend of mine found an excellent investment opportunity. My company liked the deal and gave him authority to proceed. During his negotiations the price was upped. We told the business manager to go ahead anyway, but his junior partners wanted a meeting with all of us to discuss the problem. We said on the phone, "Don't waste time, just close the deal." But no, we had to have a meeting. Weeks passed before everyone was _____. At the meeting we all agreed to go forward, just as we had agreed in our phone conversations. In the meantime, the seller found another buyer who paid more than we would have. He closed the deal with the buyer, and within one year the value of the property had doubled.

답 18.①

19 글의 제목으로 가장 적절한 것은?

① When in Doubt Be Sure to Call a Meeting
② An Unnecessary Meeting Is Counterproductive
③ Before a Meeting, Prepare What You Will Say
④ Take Enough Time to Persuade Your Customer

20 밑줄 친 부분에 들어갈 말로 가장 적절한 것은?

① employed　　　　② available
③ sensible　　　　④ regretful

19 해석 「내 사업 매니저 친구는 훌륭한 투자 기회를 찾았다. 우리 회사는 그 거래를 마음에 들어 그에게 진행권을 주었다. 그가 협상하는 동안 가격이 올랐다. 우리는 그 사업 책임자에게 어쨌든 계속 진행하라고 말했지만, 그의 후배들은 그 문제를 논의하기 위해 우리 모두를 만나고 싶어했다. 우리는 전화로 "시간을 낭비하지 말고 그냥 거래를 끝내라."라고 말했다. 하지만, 우리는 회의를 해야 했다. 모든 사람이 시간이 나기까지 몇 주가 걸렸다. 회의에서 우리는 전화 통화에서 합의한 대로 앞으로 나가기로 합의했다. 그러는 동안, 판매자는 우리보다 더 많이 지불한 다른 구매자를 찾아냈다. 그는 구매자와 거래를 마쳤고, 1년 안에 부동산 가격이 두 배가 되었다.」

해설 모든 사람이 미팅이 가능해 질 때까지 시간을 소요하느라 좋은 거래를 놓쳤다는 내용이므로 제목으로 '불필요한 미팅은 역효과를 초래한다.'가 가장 적절하다.

20 보기 ① 취업하고 있는
② 시간이 있는
③ 분별있는
④ 후회하는

답 19.② 20.②

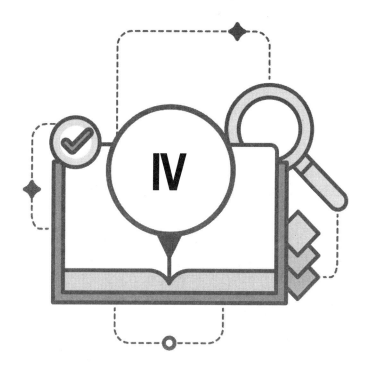

실력평가모의고사

☞ 정답 및 해설　P.119

 국어

1 다음 글을 고쳐 쓰기 위한 방안으로 적절하지 않은 것은?

> 주관을 완전히 배제하고 역사를 객관적인 관점에서 바라보는 것은 ㉠반드시 가능하지 않다. 역사가의 의무는, 자신의 이론이 잠정적이며 불완전하다는 사실을 겸허하게 받아들이고 주어진 가능성 내에서 최대한 진리를 추구하기 위해 ㉡노력한다. ㉢프라이가 말한 것처럼 역사가는 문학과 철학을 역사적으로 다룬다. 만약 역사가가 자신의 부족함을 감추려고 한다면 역사는 기만적인 것이 될 수 있다. ㉣따라서 양심 있는 역사가라면 자기의 이론적 원칙을 확실히 밝히고 자기가 소홀히 취급한 자료들도 존재했음을 밝히는 것이 중요하다.

① ㉠은 꾸밈을 받는 서술어가 부정의 의미를 나타내므로 '결코'로 고쳐 쓴다.
② ㉡은 주어와 서술어 간의 호응 관계를 고려하여 '노력하는 것이다.'로 고쳐 쓴다.
③ ㉢은 문단의 주제와 관련이 없는 불필요한 문장이므로 삭제한다.
④ ㉣은 글의 흐름을 자연스럽게 하기 위해 '비록'으로 고쳐 쓴다.

2 ㉠~㉣ 중 문맥상 표현이 적절하지 않은 것은?

> 우리의 상은 제상을 제외하고는 판 둘레에 최소 ㉠숟가락총 폭만큼의 ㉡운두가 둘려 있다. 그것은 첫째 그릇이 미끄러져 떨어지지 않게 함이요, 둘째는 거기에 걸쳐 놓은 수저를 신경 안 쓰고 집어 올려 쓸 수 있게 하려 하는 배려에서이다. 둘레가 ㉢도두룩하게 ㉣내둘리지 않고 막 끊긴 식탁은 그릇이 미끄러져 떨어지기가 일쑤고, 수저 꾐을 따로 놓아야 수저를 편하게 집을 수 있다.

① ㉠

② ㉡

③ ㉢

④ ㉣

3 다음 중 밑줄 친 외국어에 대한 국어 순화가 바르지 <u>않은</u> 것은?

① 화재 예방을 위한 <u>시뮬레이션</u>을 실시하였다. →모의 실험
② 이것이 사회 지도층에게 요구되는 진정한 <u>노블레스 오블리주</u>이다. →도덕적 의무
③ 그는 무엇보다도 <u>비전</u>을 제시하지 못하였다. →전망
④ 이제는 우리도 인터넷에 대한 <u>마스터 플랜</u>이 필요하다. →세부 계획

4 어법에 맞는 것은?

① 말과 글은 우리 후손에 물려 줄 귀중한 문화유산이다.
② 오늘날 로봇이 산업체의 생산 현장에서 널리 활용되고 있다는 것은 사실이다.
③ 민영화로 인해 요금 인상 등 서민 부담이 늘어나는 결과를 빚어서는 안 된다.
④ 무엇보다도 중요한 것은 한번 오염된 환경이 다시 깨끗해지려면 많은 비용과 노력, 그리고 시간이 든다.

5 맞춤법과 표현이 옳은 것은?

① 시간에 얽매어 사는 현대인이 많다.
② 그는 다른 차 앞으로 끼여드는 나쁜 습관이 있다.
③ 가는 길에 문구점에 꼭 들려라.
④ 그 옷에서 안감을 흰색으로 받쳐야 색이 제대로 살아난다.

6 밑줄 친 단어의 쓰임이 옳지 <u>않은</u> 것은?

① 그 배는 많은 승객을 <u>싣고</u> 가는 중이다.
② 젊은이들은 우리들과 생각이 <u>달라요</u>.
③ 그 집은 <u>전세금</u>이 얼마나 됩니까?
④ 산에 오르는데 칡덩굴이 발에 <u>거친다</u>.

7 문장 성분 간의 호응이 적절하지 않은 것은?

① 지난해 방송통신위원회에서 적발한 과장 광고의 사례는 300건이 훨씬 넘는다.
② 유리 건물은 은폐 공간을 최소화하여 각종 사고 예방과 업무의 생산성도 높이고 있다.
③ 어제의 세상과 오늘의 세상이 다르듯이 어제의 말과 오늘의 말도 다르다.
④ 한국인에게 있어서 대장암은 위암이나 폐암 등과 같이 발병률이 높은 암이다.

8 다음 지문의 논지 전개상 특징으로 가장 적절한 것은?

인간은 성장 과정에서 자기 문화에 익숙해지기 때문에 어떤 제도나 관념을 아주 오래 전부터 지속되어 온 것으로 여긴다. 나아가 그것을 전통이라는 이름 아래 자기 문화의 본질적인 특성으로 믿기도 한다. 그러나 이런 생각은 전통의 시대적 배경 및 사회 문화적 의미를 제대로 파악하지 못하게 하는 결과를 초래한다. 여기에서 과거의 문화를 오늘날과는 또 다른 문화로 보아야 할 필요성이 생긴다.

홉스봄과 레인저는 오래된 것이라고 믿고 있는 전통의 대부분이 그리 멀지 않은 과거에 '발명'되었다고 주장한다. 예컨대 스코틀랜드 사람들을 킬트(kilt)를 입고 전통 의식을 치르며, 이를 대표적인 전통 문화라고 믿는다. 그러나 킬트는 1707년에 스코틀랜드가 잉글랜드에 합병된 후, 이곳에 온 한 잉글랜드 사업가에 의해 불편한 기존의 의상을 대신하여 작업복으로 만들어진 것이다. 이후 킬트는 하층민을 중심으로 유행하였지만, 1745년의 반란 전까지만 해도 전통 의상으로 여겨지지 않았다. 반란 후, 영국 정부는 킬트를 입지 못하도록 했다. 그런데 일부가 몰래 집에서 킬트를 입기 시작했고, 킬트는 점차 전통 의상으로 여겨지게 되었다. 킬트의 독특한 체크무늬가 각 씨족의 상징으로 자리 잡은 것은, 1822년에 영국 왕이 방문했을 때 성대한 환영 행사를 마련하면서 각 씨족장들에게 다른 무늬의 킬트를 입도록 종용하면서부터이다. 이때 채택된 독특한 체크무늬가 각 씨족을 대표하는 의상으로 자리를 잡게 되었다.

킬트의 사례는 전통이 특정 시기에 정착·사회적 목적을 달성하기 위해 만들어지기도 한다는 것을 보여 준다. 특히 근대 국가의 출현 이후 국가에 의한 '전통의 발명'은 체제를 확립하는 데 큰 역할을 담당하기도 하였다. 이 과정에서 전통은 그 전통이 생성되었던 시기를 넘어 아주 오래 전부터 지속되어 온 것이라는 신화가 형성되었다. 그러나 전통은 특정한 시공간에 위치하는 사람들에 의해 생성되어 공유되는 것으로, 정치·사회·경제 등과 밀접한 관련을 맺으면서 시대마다 다양한 의미를 지니게 된다. 그러므로 전통을 특정한 사회 문화적 맥락으로부터 분리하여 신화화(神話化)하면 당시의 사회 문화를 총체적으로 이해할 수 없게 된다.

낯선 타(他) 문화를 통해 자기 문화를 점 더 객관적으로 바라볼 수 있듯이, 과거의 문화를 또 다른 낯선 문화로 봄으로써 전통의 실체를 올바로 인식할 수 있게 된다. 이러한 관점은 신화화된 전통의 실체를 폭로하려는 데에 궁극적 목적이 있는 것이 아니다. 오히려 과거의 문화를 타 문화로 인식함으로써 신화 속에 묻혀 버린 당시의 사람들을 문화와 역사의 주체로 복원하여, 그들의 입장에서 전통의 사회 문화적 맥락과 의미를 새롭게 조명하려는 것이다. 더 나아가 이러한 관점을 통해 우리는 현대 사회에서 전통이 지니는 현재적 의미를 제대로 이해할 수 있을 것이다.

① 연관된 개념들의 상호 관계를 밝혀 문제의 성격을 규명하고 있다.
② 사례를 통해 사회적 통념의 역사적 변화 과정을 추적하고 있다.
③ 상반된 주장을 대비한 후 절충적인 견해를 제시하고 있다.
④ 논지를 제시하고 사례를 통하여 그것을 뒷받침하고 있다.

9 다음 글의 ㉠~㉣에 대한 예로 적당한 것은?

글의 내용을 효과적으로 표현하기 위해서는 적절한 단어의 선택뿐 아니라, 적절한 문장구조의 선택도 필요하다. 문장은 구조에 따라 크게 ㉠홑문장과 겹문장으로 나눌 수 있는데, 겹문장은 다시 ㉡이어진 문장과 ㉢안은 문장으로 나눌 수 있다. 하나의 문장은 여러가지 방식으로 확장될 수 있다. 홑문장에 꾸미는 말을 덧붙이거나, 하나의 문장에 다른 문장을 이어 주거나, 다른 문장을 하나의 문장 속에 안기게 함으로써 문장은 확장될 수 있으며, 여러 가지 문장구조를 취할 수 있게 된다. 이와 같은 여러 가지 문장구조들 가운데에서 어떠한 구조를 선택하느냐에 따라 표현의 효과가 달라지게 된다. 따라서 적절한 문장구조의 선택은 효과적인 문체를 결정짓는 데 기여하게 된다. 표현의 과정에서 ㉣기본문형으로 된 단순문장구조를 사용하면 비교적 강렬한 인상을 주며, 글의 내용에 간결성과 명료성을 부여하게 된다. 한편 이러한 문장구조를 반복적으로 사용하는 것은 때로는 필자의 미숙성에 기인하기도 한다.

① ㉠ 철수는 아파서 결석했다.
② ㉡ 나는 우리 편이 이기기를 바랐다.
③ ㉢ 철수가 돈이 많다.
④ ㉣ 철수가 좋은 책을 많이 샀다.

10 다음 중 아래 글에 나타난 정서로 가장 적절한 것은?

내 고향은
강 언덕에 있었다.
해마다 봄이 오면
피어나는 가난.

지금도
흰 물 내려다보이는 언덕
무너진 토방가선
시퍼런 풀줄기 우그려 넣고 있을
아, 죄 없이 눈만 큰 어린 것들

미치고 싶었다.
사월이 오면
산천은 껍질을 찢고
속잎은 돋아나는데,
4월이 오면
내 가슴에도 속잎은 돋아나고 있는데,
우리네 조국에도
어느 머언 심저, 분명
새로운 속잎은 돋아오고 있는데,

미치고 싶었다.
4월이 오면
곰나루서 피 터진 동학의 함성.
광화문서 목 터진 4월의 승리여.

강산을 덮어, 화창한
진달래는 피어나는데,
출렁이는 네 가슴만 남겨놓고, 갈아엎었으면
이 균스러운 부패와 향락의 불야성 갈아엎었으면
갈아엎은 한강연안에다
보리를 뿌리면
비단처럼 물결 칠, 아 푸른 보리밭.

강산을 덮어 화창한 진달래는 피어나는데
그날이 오기까지는, 4월은 갈아엎는 달.
그 날이 오기까지는, 4월은 일어서는 달.

① 도법자연(道法自然)　　　　② 무위자연(無爲自然)
③ 춘래불사춘(春來不似春)　　④ 이민택물(利民澤物)

11　다음 중 낱말 '받치다'의 어법 사용이 적절한 것은?

① 아가씨들이 양산을 <u>받쳐</u> 들고 길을 걸어간다.
② 고추 백 근을 시장 상인에게 <u>받쳐도</u> 옷 한 벌 사기가 힘들다.
③ 마을 이장이 소에게 <u>받쳐서</u> 꼼짝도
④ 휠체어를 탄 여학생이 길을 건너다 승용차에 <u>받쳐</u> 다쳤다.

12　다음 밑줄 친 부분의 띄어쓰기가 바른 문장은?

① 강아지가 집을 나간 지 <u>사흘만에</u> 돌아왔다.
② 마을 사람들은 어느 말을 믿어야 <u>옳은 지</u> 몰랐다.
③ 듣고 보니 어린이들이 정말 <u>좋아할만 한</u> 이야기이다.
④ 자네, 도대체 이게 <u>얼마 만인가</u>.

13　다음 글의 주장과 같이 만들어진 광고 카피가 아닌 것은?

> 러시아 형식주의자인 야콥슨은 문학을 "일상 언어에 가해진 조직적인 폭력"이라 말한다. 즉 문학은 일상 언어를 변형하여 강도 있게 하며 일상적인 말로부터 계획적으로 일탈한다는 것이다.'낯설게 하기는 문학 언어를 일상 언어와 구별시켜 주는 근본이다. 우리는 일상 언어를 사용하고 있으나 그 상투성으로 인해 우리의 의식은 고여 있는 물처럼 새롭게 생성되지 못하고 스테레오 타입으로 고정되고 자동화된다. 광고 카피에서 기존의 식상한 표현을 벗어나 놀라움을 준다는 것, 그렇게 하기 위해선 도식적인 공식, 즉 법칙을 파괴하는 창조적 행위가 수반되어야 하는데 그것이 바로 문학에서 말한 이것과 같은 의미이다.

① 난 샐러드를 마신다!(○○유업 – 요구르트 광고)
② 이젠, 빛으로 요리하세요!(○○전자 – 전자레인지 광고)
③ 차도 이 맛을 안다.(○○정유 – 기름 광고)
④ 우리는 젊음의 모든 것을 사랑한다.(○○그룹 – 기업 광고)

14 다음 글에서 중심이 되는 표현법은?

> 므쇠로 털릭을 몰아 나는 / 므쇠로 털릭을 몰아 나는
> 텰사(鐵絲)로 주롬 바고이다. / 그 오시 다 헐어시아
> 그 오시 다 헐어시아 / 유덕(有德)ᄒ신 님 여히ᄋ와지이다.

① 과장법　　　　　　　② 은유법
③ 점층법　　　　　　　④ 역설법

15 다음은 정철의 「관동별곡」이다. 이 부분에 나타난 작자의 심리상태로 옳은 것은?

> 毗비盧로奉봉 上샹上샹頭두의 올라 보니 긔 뉘신고. 東동山산 泰태山산이 어ᄂ야 놉돗던고.
> 魯노國국 조븐 줄도 우리는 모르거든, 넙거나 넙은 天텬下하 엇찌ᄒ야 젹닷 말고. 어와 뎌
> 디위를 어이ᄒ면 알 거이고. 오ᄅ디 못ᄒ거니 ᄂ려가미 고이ᄒᆯ가.

① 安貧樂道(안빈낙도)　　　② 浩然之氣(호연지기)
③ 羽化登仙(우화등선)　　　④ 樂山樂水(요산요수)

16 다음의 전개 방식과 같은 방법으로 글쓰기에 적당한 소재는?

> 사람은 무엇을 위하여 사는가? 이상(理想)을 위하여 산다. 이상을 위하여 산다는 것은 오직
> 인간만이 누릴 수 있는 특권(特權)이다. 여타의 동물은 이상이라는 것이 없다. 다만, 현실
> (現實)만을 위하여 산다. 즉, 먹기 위하여 살고, 살기 위하여 먹는다. 그러나 인생(人生)은
> 그렇지가 않다. 먹기도 해야 하겠지만, 먹는 것만으로는 만족하지를 않는다. 그리하여 사람
> 은 빵만으로 사는 동물이 아니라고 하였다.

① 시나리오와 희곡　　　　② 내장산의 가을풍경
③ 아버지의 일생　　　　　④ 환경오염의 실태

이젠 완전히 타락한 동네구나. 나는 은연 중 그렇게 중얼거리고 있는 자신을 발견하였다. 마을의 주인(왕소나무)이 세상 뜬 지 오래라니 오죽해졌으랴 싶기도 했다. 하루에도 몇 차례씩, 더욱이 피서지로 한몫 해 온 탓에, ㉠해수욕장이 개장된 여름이면 밤낮 기적 소리가 잘 틈 없던 철로가에 서서, 그 숱한 소음과 매연을 마시다 지쳐, 영물(靈物)의 예우도 내던지고 고사(枯死)해 버린 ㉡왕소나무의 운명은, 되새기면 되새길수록 가슴이 쓰리고 아파 견딜 수가 없었다. 물론 왕소나무의 비운에 대한 조상(弔喪)만으로 비감에 젖어 있었다고는 말할 수 없겠지만. 사실이 그랬다. 내가 살았던 ㉢옛집의 추레한 주제꼴에 한결 더 가슴이 미어지는 비감으로 뼈저려 하고 있었으니까. 비록 얼핏 지나치는 차창 너머로 눈결에 온 것이긴 했지만, 간살이 넉넉히 열다섯 칸짜리 꽃패집의 풍채는커녕, 읍내 어디서라도 갈머리 쪽을 바라볼 적마다 온 마을의 종가(宗家)나 되는 양 한눈에 알겠던 집이 그렇게 변모할 수가 있을까 싶던 것이다. 그것은 왕소나무의 비운 버금으로 가슴을 저미는 아픔이었다. 이제는 가로세로 들쑹날쑹, 꼴값하는 난봉 난 집들이 들어서며 마을을 어질러 놓아, 겨우 초가 안채 용마루만이 그럴듯할 뿐이었으며, 좌우에서 하늘자락을 치켜들며 함석 지붕 날개와 담장을 뒤덮었던 담쟁이덩굴, 사철 푸르게 밭마당의 방풍림으로 늘어섰던 들충나무의 가지런한 맵시 따위는 찾아볼 엄두도 못 내게 ㉣구차스런 동네로 변해 버렸던 것이다.

17 다음 글에 대한 설명으로 옳은 것은?

① 사건을 객관적으로 묘사하는 데 가장 효과적이다.
② 주인공인 '나'가 자신의 이야기를 서술하는 것으로 주관적이다.
③ 작가의 사상과 인생관이 직접 드러나며 등장인물의 운명까지도 알 수 있다.
④ 등장인물 '나'의 눈에 비친 외부세계를 다루며 주인공의 내면은 알 수 없다.

18 다음 밑줄 친 ㉠~㉣ 중 이미지가 유사한 것끼리 묶은 것은?

① ㉠㉡
② ㉠㉢
③ ㉡㉢
④ ㉡㉣

19 다음은 신문의 건강칼럼 일부이다. (   )에 들어갈 적절한 것은?

> 필수 지방산인 리놀렌산과 알파 리놀렌산은 인체에서 합성되지 않으므로 꼭 섭취해줘야 한다. 이것이 모자라면 아토피 피부염이나 성장장애 등의 부작용이 온다. 또 알파리놀렌산(오메가3 지방산)이 부족하면 두뇌와 망막에 필요한 DHA가 부족해 학습능력과 시각기능이 떨어지게 된다. 'DHA가 머리에 좋다.'는 말은 여기에 근거한다.
> 그러나 (   )이란 말처럼 전체 지방량이 신체의 25%를 넘으면 문제가 된다. 인체의 혈액이나 조직에 지방 함량이 높아지면 고혈압, 당뇨, 비만, 심장병, 뇌졸중 등 성인병이 생기며, 덩달아 유방암, 대장암 , 전립선암의 발병률도 증가하게 된다.

① 다다익선(多多益善)　　　　② 과유불급(過猶不及)
③ 전화위복(戰禍爲福)　　　　④ 새옹지마(塞翁之馬)

20 다음 표현 중 옳은 것은?

① 물결이 바위에 부딪쳐 부서진다.
② 그는 지금 놀러갈 만한 시간적 여지가 없다.
③ 뒷수습을 하지 않은 채 뒷꽁무니를 빼면 이떡합니끼?
④ 오늘이 몇 월 몇 일이지?

02 한국사

1 ( )에 들어갈 내용으로 가장 거리가 먼 것은?

> 조선 후기의 상공업 발달과 농업 생산력의 증대를 배경으로 서민의 경제적·신분적 지위가 향상되었다. 이에 서당교육이 보급되고 ( )와 같은 서민 문화가 성장하였다.

① 판소리

② 탈놀이

③ 사설시조

④ 진경산수화

2 고려시대의 경제 활동에 대한 설명으로 옳지 않은 것은?

① 귀족들이 화폐 사용을 지지하여 화폐가 전국적으로 유통되었다.

② 고려 전기에 수공업의 중심을 이룬 것은 관청 수공업과 소(所) 수공업이었다.

③ 고려 후기에는 국가가 재정 수입을 늘리기 위하여 소금 전매제를 시행하기도 하였다.

④ 농민이 진전(陳田)이나 황무지를 개간하면 국가에서 일정기간 소작료나 조세를 감면해 주었다.

3 조선 전기의 상업 활동에 대한 설명으로 옳은 것은?

① 공인(貢人)의 활동이 활발해졌다.

② 시전이 도성 내 특정 상품 판매의 독점권을 보장받기도 하였다.

③ 개성의 송상, 의주의 만상은 대외 무역을 통해 대상인으로 성장하였다.

④ 경강상인들은 경강을 중심으로 매점 활동을 통해 부유한 상업 자본가로 성장하였다.

4 고려시대의 성씨(姓氏)에 대한 설명으로 옳지 않은 것은?

① 주민 스스로가 중국 성씨를 받아들여 자신의 성으로 하지 못하였다.

② 국가는 특별한 공이 있는 사람에게 성씨를 내려 주기도 하였다.

③ 국가는 오래 전부터 써오던 성씨가 있으면 이를 토성(土姓)으로 인정해 주었다.

④ 성씨가 확산되었다는 것은 그만큼 공민층이 넓어졌다는 의미를 갖는다.

5 삼국 문화의 일본 전파 내용으로 옳은 것을 아래에서 고르면?

> ㉠ 왕인 – 천자문과 논어 전파
> ㉡ 담징 – 종이와 먹의 제조술 전파
> ㉢ 혜자 – 호류지 금당 벽화 제작
> ㉣ 아직기 – 조선술과 제방 축조술 전파
> ㉤ 노리사치계 – 일본 쇼토쿠 태자 교육

① ㉠㉡   ② ㉡㉢
③ ㉢㉣   ④ ㉣㉤

6 다음의 묘사와 관련된 외교 사절에 대한 설명으로 옳지 않은 것은?

> 일본 사람이 우리나라의 시문을 구하여 얻은 자는 귀천현우(貴賤賢愚)를 막론하고 우러러보기를 신선처럼 하고 보배로 여기기를 주옥처럼 하지 않음이 없어, 비록 가마를 메고 말을 모는 천한 사람이라도 조선 사람의 해서(楷書)나 초서(草書)를 두어 글자만 얻으면 모두 손으로 이마를 받치고 감사의 성의를 표시한다.

① 1811년까지 십여 차례 수행되었다.
② 일본의 정한론을 잠재우는 데 기여하였다.
③ 일본 막부가 자신의 권위를 높이려는 목적도 있었다.
④ 18세기 후반 일본에서 국학 운동이 일어나는 자극제가 되었다.

7 조선 전기의 경제 정책과 경제 활동에 대한 설명으로 옳지 않은 것은?

① 과전법에서 과전은 관리들에게 해당 토지의 소유권을 지급한 것이다.
② 양반도 간이 수리 시설을 만들고, 중국의 농업 기술을 도입하는 등 농업에 관심이 많았다.
③ 16세기에 이르러 수취 제도의 폐단과 지주전호제의 발달로 인해 몰락하는 농민이 증가하였다.
④ 평안도와 함경도에서 거두는 조세는 경창으로 수송하지 않고 그곳의 군사비와 사신 접대비로 쓰게 하였다.

8 다음의 사건이 발생한 시기의 집권 세력에 대한 설명으로 옳지 않은 것은?

> 서토(西土)에 있는 자 어찌 억울하고 원통하지 않을 자 있겠는가. 막상 급한 일을 당해서는 …… 과거에는 반드시 서로(西路)의 힘에 의지하고 서토의 문을 빌었으니 400년 동안 서로의 사람이 조정을 버린 일이 있는가. 지금 나이 어린 임금이 위에 있어서 권세 있는 간신배가 날로 치성하니 …… 흉년에 굶어 부황 든 무리가 길에 널려 늙은이와 어린이가 구렁에 빠져 산 사람이 거의 죽음에 다다르게 되었다.

① 왕실의 외척이 세도를 명분으로 정권을 잡았다.
② 호조와 선혜청의 요직을 차지하여 재정 기반을 확보하였다.
③ 의정부와 병조를 권력의 핵심 기구로 삼고 인사권을 장악하였다.
④ 과거 시험의 합격자를 남발하고 뇌물이나 연줄로 인사를 농단하였다.

9 고려시대 백성들의 생활 모습에 대한 설명으로 바르게 기술한 것을 다음에서 고르면?

> ㉠ 아들이 없을 경우 제사를 지내기 위해 양자를 들였다.
> ㉡ 장례와 제사는 정부 정책에 따라 주로 유교적 규범을 따랐다.
> ㉢ 여러 가지 조세와 잡역 등의 부담으로 안정된 생활을 유지하기 어려웠다.
> ㉣ 초기의 신앙적인 향도가 후기에는 점차 마을의 공동체 생활을 주도하는 조직으로 바뀌었다.

① ㉠㉡   ② ㉡㉢
③ ㉢㉣   ④ ㉠㉣

10 다음은 조선건국 후 지방행정에 관한 내용이다. 이를 토대로 추론할 수 있는 사실로 적절한 것은?

> • 모든 군·현에 수령을 파견하여 속현이 소멸되고 향리의 지위가 격하되었다.
> • 향·소·부곡이 소멸되고 면·리제를 편성하여 향민 중에서 책임자를 선임, 수령의 정령을 집행하게 하였다.

① 향촌자치를 광범하게 허용하였다.
② 사림세력이 크게 성장하고 향약이 널리 보급되었다.
③ 성문화된 법전이 정비되어 법치주의 이념이 구현되었다.
④ 백성들은 지방세력가의 임의적인 지배에서 벗어나게 되었다.

11 고대에서 조선시대까지의 과학기술에 대한 설명으로 옳지 않은 것은?

① 통일신라의 성덕대왕 신종은 아연이 함유된 청동으로 만들어 매우 신비한 소리가 난다.
② 13세기에 편찬된 〈향약구급방〉은 현존하는 우리나라 최고의 의학 서적이다.
③ 조선태조 때에는 고구려의 천문도를 바탕으로 〈천상열차분야지도〉를 돌에 새겼다.
④ 조선 세종 때에는 밀랍 활자고정법을 개발하여 종전보다 2배의 인쇄 능률을 높였다.

12 왜란 중 조선 수군이 승리한 전투를 순서대로 배열한 것은?

> ㉠ 한산도 대첩 ㉡ 행주대첩
> ㉢ 명량대첩 ㉣ 옥포싸움

① ㉡ - ㉠ - ㉢ - ㉣
② ㉡ - ㉣ - ㉢ - ㉠
③ ㉣ - ㉠ - ㉡ - ㉢
④ ㉣ - ㉡ - ㉠ - ㉢

13 다음의 역사서가 편찬된 시기의 상황에 대한 설명으로 옳은 것은?

> 부여씨가 망하고 고씨(고구려)가 망한 다음 김씨(신라)가 남방을 차지하고 대씨(발해)가 북방을 차지하고는 발해라 하였으니, 이것을 남북국이라 한다. 당연히 남북국사가 있어야 하는데, 고려가 편찬하지 않은 것은 잘못이다. 저 대씨가 어떤 사람인가? 바로 고구려 사람이다. 그들이 차지하고 있던 땅은 어떤 땅인가? 바로 고구려 땅이다.

① 양명학이 수용되기 시작하였다.
② 성리학 수용을 지지하는 여론이 조성되었다.
③ 서얼 출신을 규장각 검서관으로 등용하였다.
④ 우리 역사의 통사 체계가 처음으로 확립되었다.

14 조선 후기 상업에 대한 설명으로 옳지 않은 것은?

① 상품 화폐 경제가 크게 발달하였다.
② 송상은 인삼을 주로 취급하였으며 대외무역에도 종사하였다.
③ 18세기에 전국적으로 장시가 1,000여개가 되었다.
④ 보부상은 포구를 거점으로 활동하였다.

15 다음의 개혁정치들이 실패로 끝나게 된 근본적인 원인으로 바른 것은?

> • 공민왕의 개혁정치
> • 흥선대원군의 개혁정치
> • 갑신정변

① 하층민중의 반발이 심하였다.
② 개혁추진세력이 미약하였다.
③ 외세의 힘에 의지하여 추진되었다.
④ 봉건적 지배체제를 재확립하기 위해 시행되었다.

16 다음과 같은 사건을 계기로 전개된 민족운동에 대한 설명으로 옳은 것은?

• 명성황후시해사건	• 단발령
• 을사조약 체결	• 고종황제의 강제퇴위

① 반봉건적 · 반침략적 성격을 가진다.
② 민족의 실력을 양성하여 국권회복을 시도하고자 하였다.
③ 일본과의 수교를 반대하였다.
④ 반외세 자주정신을 바탕으로 항일무장투쟁을 전개하였다.

17 다음을 시대순으로 바르게 나열한 것은?

㉠ 카이로회담	㉡ 포츠담선언
㉢ 모스크바 3국외상회의	㉣ 미 · 소 공동위원회 개최

① ㉠ – ㉡ – ㉢ – ㉣
② ㉠ – ㉢ – ㉡ – ㉣
③ ㉢ – ㉡ – ㉣ – ㉠
④ ㉣ – ㉢ – ㉠ – ㉡

18 다음은 일제강점기에 전개된 민족운동과 관련된 구호이다. 이 민족운동과 관계가 있는 독립운동의 방략은?

내 살림 내 것으로, 조선사람 조선 것으로, 우리는 우리 것으로 살자.

① 외교론 ② 자치론
③ 참정론 ④ 실력양성론

19 다음 중 권문세족과 신진사대부에 대한 설명으로 옳은 것은?

① 권문세족은 친명적 성격이 강하였다.
② 신진사대부들은 주로 음서로 관계에 진출하였다.
③ 신진사대부들은 민본주의에 입각한 왕도정치를 구현하려 하였다.
④ 권문세족은 성리학을 적극적으로 수용하여 사회를 개혁하려 하였다.

20 다음의 성명이 발표된 이후 시작된 일본의 식민지 지배 정책만을 아래에서 고르면?

> 우리들은 3천만 한인 및 정부를 대표하여 삼가 중국, 영국, 미국, 소련, 카나다, 호주 및 기타 제국의 대일 선전을 축하한다. 일본을 쳐서 무찌르고 동아시아를 재건하게 하는 가장 유효한 수단인 까닭이다. 이에 우리는 다음과 같이 성명한다.
> 1. 한국 전 인민은 이미 반침략 전선에 참가하여 한 개의 전투 단위로서 추축국(樞軸國)에 대하여 전쟁을 선포한다.
> (이하 생략)
>
> – 대한민국 임시정부 대일 선전포고 –

㉠ 징 병	㉡ 신사참배
㉢ 농촌진흥운동	㉣ 조선여자정신대 동원

① ㉠㉡
② ㉡㉢
③ ㉢㉣
④ ㉠㉣

1 다음 문장 중 어법상 옳지 않은 것은?

① Columbus proved that the earth was round.

② My parents kept on encouraging me to study.

③ Please remember to put out the cat before you go to bed.

④ The hotel has been closed for many years.

✲✲ 어법상 옳은 것을 고르시오. 【2〜3】

2 ① The college newspaper prints only the news that are of interest to the students and faculty.

② As soon as I will get all the vaccinations, I will be leaving for a break.

③ Susan likes to lay down for a short nap every afternoon.

④ The instructions require that we not use a red pen.

3 ① If I had followed your advice, I would be very healthy now.

② I felt such nervous that I couldn't concentrate on my work.

③ John became great by allowing himself learn from mistakes.

④ Tom moved to Chicago, which he worked for Louis Sullivan.

✲✲ 밑줄 친 부분과 의미가 가장 가까운 것을 고르시오. 【4〜6】

4 Because of his <u>somnolent</u> voice, the students find it difficult to concentrate in his classes.

① creaky   ② drowsy

③ husky   ④ rough

5 Mr. President said a freedom agenda would give individuals more power and government less, and promised as he pushed controversial ideas like <u>revamping</u> Social Security to reach across party lines.

① renovating ② renouncing

③ restraining ④ reproaching

6 I started <u>thumbing through</u> the first few pages of Tom Sawyer.

① reading through ② declaiming through

③ perusing through ④ skimming through

7 다음 대화의 빈칸에 들어갈 말로 가장 적절한 것은?

A : Have you been served?
B : _____

① Yes, I'm on my way. ② It was a close call.

③ Yes, I'm being waited on. ④ Please let go of my hand.

8 다음 글의 밑줄 친 부분 중 어법상 옳지 않은 것은?

Younger students ⓐ<u>who</u> participated in the survey ⓑ<u>sponsored</u> by a weekly magazine turned out ⓒ<u>to be</u> less concerned about the serious problems of homeless people ⓓ<u>as</u> the older students were.

① ⓐ who ② ⓑ sponsored

③ ⓒ to be ④ ⓓ as

※ 다음 글의 밑줄 친 부분의 의미로 가장 적절한 것을 고르시오. 【9～10】

9 In retrospect, I was <u>taken in</u> by the real estate agent who had a fancy manner of talking.

① inspected   ② deceived

③ revered   ④ amused

10 The substantial rise in the number of working mothers, whose costs for childcare were not <u>factored into</u> the administration's policymaking, was one of the main reasons that led to the unexpected result at the polls.

① considered in

② diminished in

③ substituted for

④ excluded by

11 다음 글의 밑줄 친 부분의 뜻으로 가장 적절한 것은?

> When Jesse and Rachel got married, they knew they wanted to live in a traditional nuclear family – mother, father, and biological children. Each of them had come from other family arrangements, and they had decided that a more traditional arrangement was what they wanted. Rachel had been born <u>out of wedlock</u>. Because her parents had never married, she had never met her biological father. Jesse's mother had been widowed. His father's early death made Jesse want to have a large family.

① rich

② illegitimate

③ divorced

④ handicapped

12 다음 글의 요지로 가장 적절한 것은?

More and more people are turning away from their doctors and, instead, going to individuals who have no medical training and who sell unproven treatments. They go to quacks to get everything from treatments for colds to cures for cancer. And they are putting themselves in dangerous situations. Many people don't realize how unsafe it is to use unproven treatments. First of all, the treatments usually don't work. They may be harmless, but, if someone uses these products instead of proven treatments, he or she may be harmed. Why? Because during the time the person is using the product, his or her illness may be getting worse. This can even cause the person to die.

① Better train should be given to medical students.

② Alternative medical treatments can be a great help.

③ Don't let yourself become a victim of health fraud.

④ In any case, it is alright to hold off going to a doctor for several days.

13 다음 글에서 밑줄 친 This가 구체적으로 가리키는 내용은?

Many people suffer from a cold or cough in winter. There are many popular drugs available which can give you some relief. However, they may also cause some side effects. Specifically, they may make you feel sleepy and slow down your reactions. This could interfere with your ability to work or drive safely. Some people complain that these medicines irritate their stomach, too. Doctors suggest that you read the directions carefully before swallowing any medicine.

① Many people suffer from a cold or cough in winter.

② You can get many popular drugs which give you some relief.

③ Popular medicines can cause some side effects.

④ You may feel sleepy and your reactions slow down due to medicines.

14 다음 빈칸에 가장 적절한 것은?

The scholars have found that gender differences are reflected in the ways that children use language while they play. Boys often use commands when they talk to each other. For instance, when a boy is captain he might say. "You go first. Don't wait for me." As the leader of the other boys, he tells them exactly what to do. But when a girl wants to influence her friends, she uses different forms of language. Instead of using commands, she will say. "Let's try it this way. Let's do this." This is how she tries to direct the other girls without sounding bossy. By using the form "Let's." she also emphasizes the fact that the girls all belong to the same group. These differences seem to do part of growing up in a given culture and following its rules of gender. If men and women can understand that many of their differences are _____, they may be able to improve their relationships.

① individual, not social
② cultural, not personal
③ voluntary, not compulsory
④ temporary, not permanent

15 다음 글의 주제로 가장 알맞은 것은?

Muscles produce heat when the body is in motion, but when the body is at rest, very little heat is generated except by the metabolic activity of the internal organs.
In fact, the internal organs are the source of most body heat. The temperature of an organ such as the liver, for example, is much higher than the overall body temperature. The blood carries heat away from the internal organs to the lung and skin and heat is then released by the lungs through respiration and by the skin through contact with the air.

① Ways of relaxing the body
② Instability of internal organs
③ Source of body heat
④ Paths of the circulatory system

16 다음 글의 내용과 일치하지 않는 것은?

A billionaire Mr. Brudney is one of the most sought-after by museums nationwide because of his private collection of some 2,000 works of modern and contemporary art. Contrary to those museums' expectations, however, he has decided to retain permanent control of his works in an independent foundation that makes loans to museums rather than give any of the art away. He said he did not view his decision as a vote of no confidence in the museum. Rather, he said, it represents no less than a new paradigm for the way museums in general collect art and interact with one another. It is clear that no museum would commit to placing a large percentage of the works on permanent exhibit. "I don't want it to end up in storage, in either our basement or somebody else's basement. So I, as the collector, am saying, 'If you're not willing to commit to show it, why don't we just make it available to you when you want it, as opposed to giving it to you, and then our being unhappy that it's only up 10 percent or 20 percent of the time or not being shown at all?'"

① Many museums desire to have Mr. Brudney's collection.

② Mr. Brudney chooses to keep his collection rather than to give away to the museums.

③ Mr. Brudney wants his collection to be available to many people.

④ Mr. Brudney thinks museums are reliable for exhibition on a permanent basis.

17 다음 중 본문 전체의 흐름과 맞지 않는 문장은?

Sometimes there comes to me a beautiful vision of a period of happiness, when Manhattan will go slow, and an American will become an Oriental loafer. ①Every American adult is planning his life on the pattern of the schoolboy. ②Policeman will exchange a word of greeting with you at the crossings. ③And drivers will stop and speak to each other and talk about the number of passing wild geese in the sky. ④Lunch counters will disappear, and people will have learned the art of killing a whole afternoon in some cafe.

Whatever their position, partisans often invoke examples from other cultures to support their ideas about the proper role of each sex. Because women are clearly _____㉠_____ to men in many societies, some experts conclude that the natural pattern is for men to dominate. But among the Semai tribe no one has the right to command others, and in West Africa women are often chiefs. The place of women in these societies supports the argument of those who believe that sex roles are not fixed, that if there is a natural order, it allows ___㉡___.

The argument will never be settled as long as the opposing sides toss examples from the world's cultures at each other like intellectual stones. But the effect of biological differences on male and female behavior can be clarified by looking at known examples of the earliest forms of human society and examining the relationship between technology, social organization, and sex roles.

The problem is to determine the conditions in which different degrees of male dominance are found.

18 다음 중 밑줄 친 ㉠에 들어갈 가장 적절한 단어는?

① subservient　　　　　　② subsistent
③ underhanded　　　　　　④ underweight

19 밑줄 친 ㉡에 가장 적절한 것은?

① for only one possibility　　② men to become superior
③ society to remain stable　　④ for many different arrangements

20 다음 중 글의 제목으로 가장 적절한 것은?

① Women in West Africa　　② Sex Roles in Different Societies
③ Argument about Sex Roles　　④ Understanding Different Cultures

정답 및 해설

 국어

1	2	3	4	5	6	7	8	9	10
④	④	④	②	④	①	②	④	③	③

11	12	13	14	15	16	17	18	19	20
①	④	④	④	④	②	①	②	③	②	①

1 ④ '비록'은 '~일지라도', '~이지만' 등의 어미가 붙는 용언과 함께 쓰인다. ㉣은 인과관계를 나타내는 문장이므로 '따라서'가 오는 것이 옳다.
※ 기만하다 … 남을 그럴듯하게 속이다.

2 '내둘리다'는 '아찔할 정도로 정신이 어지러워지다'는 의미이며, '둘레를 돌려 감거나 싸다'는 의미로 쓰이기 위해서는 '두르다'를 써야 한다.
㉣ 내둘리지 → 둘리지

3 ④ '마스터 플랜'은 '기본 설계', '종합 계획'으로 순화하여 표현할 수 있다.

4 ① 후손에 → 후손에게
③ 요금 인상 등 → 요금 인상과 같은
④ 비용과 노력, 그리고 시간이 든다. → 비용과 노력이 들고, 시간이 걸린다.

5 ① 시간에 얽매여 사는 현대인이 많다.
② 그는 다른 차 앞으로 끼어드는 나쁜 습관이 있다.
③ 가는 길에 문구점에 꼭 들러라.

6 '싣다'는 주로 무정물을 대상으로 하여 쓰이지만 문맥에 따라서는 유정물을 대상으로 하여 쓰이더라도 수용 가능한 경우가 있다. 예를 들어 '이 배는 사람이나 짐을 실어 나른다.'라는 문장에서는 '실어 나르는' 대상으로 '사람'이나 '짐'이 모두 다 가능하다. 즉, 관점에 따라 '사람을 차 따위에 싣다.'라고 하는 것도 가능하다

할 수 있다. 그러나 이 문제에서 의도하는 것은 사람은 '태우다'로 사용해야 하는 것에 중점을 둔 문제이므로 정답은 ①이 된다.
※ 싣다
㉠ 물체를 운반하기 위하여 차, 배, 수레, 비행기, 짐승의 등 따위에 올리다.
㉡ 사람이 어떤 곳을 가기 위하여 차, 배, 비행기 따위의 탈 것에 오르다.
㉢ 글, 그림, 사진 따위를 책이나 신문 따위의 출판물에 내다.
㉣ 다른 기운을 함께 품거나 띠다.
㉤ 보나 논바닥에 물이 괴게 하다.

7 ② 유리 건물은 은폐 공간을 최소화하여 각종 사고를 예방하며 업무의 생산성도 높이고 있다.

8 필자는 과거의 문화를 오늘날과는 또 다른 문화로 볼 것을 제시하며, 스코틀랜드의 '킬트(kilt)'를 통하여 자신의 논지를 뒷받침하고 있다.

9 ① '철수는 아파서 (철수는) 결석했다.'라는 종속적으로 이어진 문장(겹문장)
② '우리 편이 이기기'라는 명사절을 지닌 안은 문장
③ '돈이 많다'라는 서술절을 지닌 안은 문장
④ '좋은'이라는 관형어, '많이'라는 '부사어'가 들어 있는 확장문형

10 비록 4월이 와서 새잎이 돋아나나 현실은 과거의 부정적인 모습을 탈피하지 못했음을 지적하고 있다. 이에 시적 화자는 4월은 갈아엎는 달이라는 표현을 통해 기존의 질서를 무너뜨리고 진정한 자유의 시대가 오기를 갈망하고 있다. 그러므로 왕소군이 오랑캐의 땅으로 떠나면서 비록 아름다운 봄이 왔으나 자신의 신세는 그렇지 못한 것을 한탄하였다는 춘래불사춘이 적절하다.

11 ② 받쳐도 → 바쳐도, 무엇을 '드리다', '가져다 주다'의 의미는 '바치다'를 사용한다.
③ 받쳐서 → 받혀서, '누구에게 받음을 당하다'의 의미는 '받히다'를 사용한다.
④ 받쳐 → 받혀, '받다'의 피동형인 '받히다'를 사용한다.

12 ① 사흘만에→사흘 만에, '시간의 경과'를 의미하는 의존명사이므로 띄어서 사용한다.
② 옳은 지→옳은지, 막연한 추측이나 짐작을 나타내는 어미이므로 붙여서 쓴다.
③ 좋아할만 한→좋아할 만한, '본용언'과 '보조용언'은 띄어서 쓰는 것을 원칙으로 한다.

13 낯설게 하기… 러시아 형식주의의 주요한 문학적 수법을 말한다. 슈클로프스키(Shklovsky, V.)가 주장한 것으로 일상화되어 친숙하거나 반복되어 참신하지 않은 사물이나 관념을 특수화하고 낯설게 하여 새로운 느낌을 갖도록 표현하는 것을 의미한다.

14 정석가… 임에 대한 변함없는 사랑을 불가능한 상황을 설정하여 역설적으로 표현하였다.

15 정철의 「관동별곡」… 개심대에서 비로봉을 바라보며 공자의 덕(浩然之氣)을 흠모하고 있다.

16 제시된 글은 이희승의 '독서와 인생'의 일부분으로 사람과 동물의 차이점을 설명하면서 독서의 필요성을 강조하는 부분이다.
① 대조 ② 묘사 ③ 서사 ④ 예시

17 ② 제시된 글은 이문구의 연작소설 '관촌수필' 중 '일락서산'으로 1인칭 주인공 시점으로 쓰여졌다.
※ 이문구의 관촌수필 중 일락서산
  ㉠ 갈래 : 연작소설(일락서산만을 따로 보면 단편소설)
  ㉡ 성격 : 비판적, 회고적
  ㉢ 배경 : 1970년대 겨울의 관촌
  ㉣ 주제 : 산업화로 인한 농촌의 피폐

18 ㉠ 철마와 함께 전통을 파괴하는 원인이 된다.
㉡㉢ 자신이 그리던 고향의 모습, 즉 전통을 상징한다.
㉣ 산업화로 인하여 고향이 파괴되었음을 보여준다.

19 ① 많으면 많을수록 더 좋다는 것을 의미한다.
② 지나친 것은 미치지 못한 것과 같다는 것을 의미한다.
③ 화를 바꾸어 오히려 복이 된다는 것을 의미한다.
④ 인생에 있어서 길흉화복은 항상 바뀌어 미리 헤아릴 수가 없다는 것을 의미한다.
※ 전체 지방량이 신체의 25%를 넘으면 문제가 된다고 하였으므로 과유불급이 가장 적절하다.

20 ② 여지→여유
③ 뒷꽁무니 → 뒤꽁무니
④ 몇 일→며칠

02 한국사

1	2	3	4	5	6	7	8	9	10
④	①	②	①	①	②	①	③	③	④

11	12	13	14	15	16	17	18	19	20
④	③	③	④	②	④	①	④	③	④

1 진경산수화… 18세기 인왕재색도, 금강전도, 압구정도 등에서 정선은 바위산은 선으로 묘사하고 흙산은 묵으로 묘사하는 조선 고유의 화법을 창안하였는데 이를 진경산수화라고 한다. 진경산수화는 중국의 북방화법의 특징적인 기법인 선묘와 남방화법의 특징적인 기법인 묵법을 이상적으로 조화시킨 것을 말한다.

2 고려시대에는 귀족과 사원경제의 발달 및 대외무역의 발달, 외국화폐의 영향 등 상업 활동이 활발해지면서 화폐발행과 사용이 나타나게 되었다. 그러나 화폐발행 이익금의 재정 보완, 정부의 경제 활동 장악 등으로 인하여 강제 유통의 조짐이 보였으나 농업 중심의 자급자족 경제 활동을 추구하고 있었던 농민에게는 화폐는 별 필요가 없었다. 그리고 귀족들 또한 국가 화폐 발행의 독점, 강제적인 사용에 불만이 많아 화폐는 도시에서도 다점이나 주점에서만 사용이 되었다.

3 ①③④ 조선 후기의 상업 활동에 대한 설명이다.
※ 조선 전기의 상업 활동
  ㉠ 통제 경제와 시장 경제를 혼합한 형태로 장시의 전국적 확산과 대외무역에서 사무역이 발달하였다.
  ㉡ 지주제의 발달, 군역의 포납화, 농민층의 분화와 상인 증가, 방납의 성행 등으로 장시와 장문이 발달하게 되었다.

ⓒ 시정세, 궁중과 부중의 관수품조달 등의 국역을
담당하는 대가로 90여종의 전문적인 특정 상품
에 대한 독점적 특권을 차지한 어용상인인 시전
이 발달하였다.
ⓔ 5일 마다 열리는 장시에서 농산물, 수공업제품,
수산물, 약제 같은 것을 종ㆍ횡적으로 유통시키
는 보부상이 등장하였다.

4 고려 초기에서 중기에 귀족에서 평민에 이르기까지 성
이 보급되는 동시에 본관제도가 정착하였으며 오래 전
부터 써오던 성씨가 있으면 이를 토성이라 하여 정식으
로 인정해주고 그들이 사는 고장을 본관이라 하였다.
고려 전기에는 백성들은 본관 밖으로 이주할 수 없었다.

5 ⓒ 혜자(고구려) : 일본의 쇼토쿠 태자를 교육하였다.
ⓔ 아직기(백제) : 일본 사신으로 태자에게 한자를 가르
치면서 한자를 전파하였다.
ⓜ 노리사치계(백제) : 일본에 불교를 전파하였다.

6 **통신사** … 일본에서 차왜를 보낸 데 대한 답례와 포로
쇄환을 목적으로 한다는 데에서 비롯하여 회답 겸 쇄
환사라 하였으나 1936년부터 통신사로 변경되었다.
1607년부터 1911년까지 12회 걸쳐 파견되었으며 대체
로 400여명으로 국빈대우를 받았다. 외교 및 선진 문
물ㆍ기술의 전파 등의 기능을 하였으며 견문록을 통하
여 일본이 문화는 낮으나 군사강국이라는 점과 재침략
의 우려가 있음을 지적하고 있었다.

7 과전법에서 과전의 지급대상은 관리뿐만 아니라 향
리ㆍ역리 등을 포함하여 서리와 장인ㆍ군인ㆍ학생들에
게까지 확대되어 적용하였다. 그러나 이는 1회만 행해
졌으며 대부분은 국가 공역자에게 지급되었고 농민에
게만 배제되었다. 과전법은 토지소유관계의 제약으로
인하여 소유권이 아닌 수조권적 측면으로 실현되었다.

8 서문의 사건인 홍경래의 난은 19세기 초 몰락한 양반
홍경래의 지휘 하에 영세농민, 중소농민, 광산노동자
등이 합세하여 일으킨 봉기이다. 19세기에는 임진왜란
을 계기로 기능이 강화된 비변사가 권력의 핵심이 되
어 인사권을 장악하였다.

9 ⓖⓛ 조선 후기의 생활모습에 대한 설명이다.

10 조선시대에 들어와서 중앙집권체제가 정비되어 국가권
력이 향촌 말단에까지 이르렀음을 알 수 있다. 그 결
과 백성들은 지방세력가의 임의적인 지배에서 벗어나
게 되었다.

11 ④ 세종 때에는 종전에 밀랍으로 활자를 고정시키는
방법을 탈피하여 밀랍 대신 석자판을 조립하는 방법을
창안하여 종전보다 두 배 정도의 인쇄 능률을 올리게
되었다.

12 ⓖ 1592년 7월
ⓛ 1593년 2월(왜군 퇴각시)
ⓒ 1597년(정유재란시)
ⓔ 1592년 5월(이순신 최초의 승첩)

13 제시문은 조선 후기의 학자 유득공이 저술한 「발해고」
에 대한 내용이다. 「발해고」에서는 반도사관 탈피와
남북국시대를 설정하여 신라와 삼국통일을 불완전한
것으로 규정하였다. 이때에 처음 발해와 신라를 대등
한 국가로 인식하여 신라와 발해가 공존한 시기를 남
북국시대라 부를 것을 제안하였으며, 이는 정조 재위
기간 중인 1784년에 해당한다.
① 조선 중기에 해당한다.
② 고려 후기에 해당한다.
④ 조선 전기에 해당한다.

14 ④ 조선 후기의 보부상들은 전국의 장시를 중심으로,
경강상인은 포구를 중심으로 활동하였다.

15 공민왕 때에는 개혁을 추진할 신진사대부의 세력이 권
문세족에 비하여 미약하였고, 흥선대원군 집정시에는
개혁추진세력을 끌어들이지 못한 채 흥선대원군 혼자
고군분투했다고 볼 수 있으며 갑신정변을 일으킨 개화
당은 민중과 유리되어 있었다.

16 제시된 사건들은 의병운동의 계기가 된 사건들이다.
① 동학농민운동   ② 애국계몽운동
③ 위정척사운동   ④ 의병운동

17 ⓖ 1943년 ⓛ 1945년 7월
ⓒ 1945년 12월 ⓔ 1946년 1월

18 제시된 자료는 물산장려운동의 선전문으로 물산장려운동은 국산품 애용을 통해 민족기업을 육성하려는 일종의 실력양성운동이다.

19 권문세족과 신진사대부

구분	권문세족	신진사대부
출신배경	중앙귀족	향리, 하급관리
정계진출	음서(가문 중시), 도평의사사	과거(능력 본위)
정치	신분제에 기초한 유교적 정치질서 중시	행정실무 담당(왕도 정치, 민본주의)
경제	재경부재지주	재향중소지주
학문	훈고학	성리학
외교	친원세력	친명세력
불교	옹호	배척
성향	보수적	진취적

20 서문은 1941년 대한민국 임시정부가 태평양전쟁 발발 후 즉각 일본에게 선전포고를 한 내용이다.

03 영어

1	2	3	4	5	6	7	8	9	10
①	④	①	②	①	④	③	④	②	①
11	12	13	14	15	16	17	18	19	20
②	③	④	③	③	④	①	①	④	③

1 prove ~을 증명하다, 입증하다 keep on ~ing 계속해서 ~하다 encourage ~에게 용기를 북돋워 주다, ~을 격려하다 put out (다른 곳으로) ~을 옮기다, 밖으로 내놓다 go to bed 잠자리에 들다 close (공장·학교 따위) ~를 폐쇄하다, 닫다
① 종속절의 내용이 변하지 않는 진리나 속담일 때에는 주절의 시제와 상관없이 항상 현재시제를 쓰는데, 종속절이 '지구가 둥글다'라는 불변의 진리를 나타내고 있으므로 현재시제를 써야 한다.

② keep on ~ing는 '계속해서 ~하다'라는 의미로 keep on 뒤에 ~ing가 와야 한다.
「encourage + 목적어 + to부정사」는 '(목적어)가 ~하도록 격려하다'라는 의미로 목적어 다음에 to부정사가 오는 것에 주의해야 한다.
③ remember + to부정사는 미래, remember ~ing는 과거의 경우에 쓴다.
I remember to meet her next week.
나는 그녀를 다음 주에 만날 것을 기억하고 있다. (앞으로 할 일)
I remember meeting her last week.
나는 그녀를 지난주에 만났던 것을 기억하고 있다. (지나간 일)
④ 현재완료시제는 for many years와 잘 호응하고 있으며 주어와의 관계로 보아 수동태가 알맞다.
「① 콜럼버스는 지구가 둥글다는 것을 증명했다.
② 나의 부모님께서는 계속하여 내가 공부하도록 격려해 주셨다.
③ 잠자리에 들기 전에 고양이를 밖으로 내놓는 것을 기억하세요.
④ 그 호텔은 여러 해 동안 폐쇄되어 왔다.」

※ 【2~3】

2 ① the news는 단수 취급하므로 that 다음 동사는 'is'가 와야 한다.
② as soon as가 이끄는 문장의 동사가 현재형 'get'으로 나와야 한다.
③ lay down은 목적어를 취하는 '~을 내려놓다'라는 의미의 타동사이므로 '눕다'라는 의미의 자동사인 lie down이 알맞다.
「① 그 대학 신문은 오직 학생들과 교직원들에게 흥미를 주는 기사만을 출력한다.
② 나는 모든 백신접종을 마친 후에, 휴식을 위해 떠날 것이다.
③ 수잔은 매일 오후에 잠깐 낮잠을 자기 위해 드러눕는 것을 좋아한다.
④ 그 지시는 우리가 빨간 펜을 쓰지 않을 것을 요구한다.」

3 ② such는 명사를 수식하므로 형용사인 nervous만을 단독으로 수식할 수 없다.
③ by+ing구문에는 동사원형이 올 수 없다. himself 다음 동사 learn이 to learn이 되어야 한다.
④ work가 자동사로 쓰였으므로 목적격 관계대명사 which가 아닌 관계부사 where가 와야 한다.
「① 만약 내가 너의 충고를 따랐더라면, 나는 지금 매우 건강했을 것이다.
② 나는 나의 일에 집중할 수 없는 정도의 그러한 불안함을 느꼈다.

③ 존은 그 자신의 실수로부터 배우는 것을 받아들임으로써 훌륭한 사람이 되었다.

④ 톰은 루이스 설리번의 밑에서 일하기 위해 시카고로 이사했다.」

4 somnolent 거의 잠 든, 조는, (사람을) 지치게 만드는 concentrate 집중하다, 모으다

① 삐걱거리는

② 졸리는

③ 쉰 목소리의, 건장한, 껍질의

④ 고르지 않은, 거친, 대충 한

「그의 졸린 목소리 때문에, 학생들은 그의 수업들에서 집중하는데 어려움을 느낀다는 것을 깨달았다.」

5 agenda 의제 controversial 논란이 많은 revamp 개조하다 Social Security 사회보장제도

① 개조하다

② 포기하다, 버리다, 의절을 선언하다

③ 저지하다, 억누르다, 억제하다

④ 비난하다, 자책하다

「대통령은 자유의제가 개인들에게는 더 많은 힘을 주고 정부에게는 더 적은 힘을 줄 것이라고 말했다. 그리고 사회보장제도와 같이 논란이 많은 생각들을 추진함으로써 정당 노선들을 초월하는 지지를 받을 것을 약속하였다.」

6 thumbing through (책 등을) 휙휙 넘겨보다

① (대본)을 서로 맞추어 보며 읽다

② (마치 연극배우처럼 힘 있게) 말하다, 열변을 토하다

③ 숙독하다

④ 대충 읽다

「나는 톰 소여의 처음 몇 페이지를 휙휙 넘겨보기 시작했다.」

7 serve (손님)을 응대하다, (손님)의 주문을 받다 close call 위기일발, 구사일생 let go of ~을 놓아 주다, 해방하다(=release)

'Have you been served?'는 '주문하셨습니까?'라는 의미로 'Are you being waited on?'으로 바꿔 쓸 수 있다. '주문하셨습니까?'라는 질문에 대한 대답으로 '이미 주문했습니다.'라는 의미의 'I'm being waited on.'이 알맞으며, 'I'm being served.', 'I'm being helped.' 등도 같은 의미이다.

「① 네, 가는 중입니다.

② 그것은 위기일발이었어요.

③ 네, 이미 주문했습니다(이미 안내를 받고 있어요).

④ 제 손 좀 놓아 주세요.」

8 participate in ~에 참여하다, 참가하다 survey 조사 sponsor ~을 후원하다 weekly magazine 주간지 turn out 결국은 ~이 되다, 결국은 ~임이 밝혀지다 concerned 관심(흥미)이 있는, 염려하고 있는 serious 심각한 homeless 집 없는

① 선행사가 사람(Younger students)이고 주격으로 쓰였으므로 주격관계대명사 who가 쓰였다.

② the survey를 수식하는 과거분사이다.

③ 'turn out+to부정사'는 '~임이 밝혀지다'라는 의미이며 to부정사가 to be일 때에는 생략할 수 있다.

④ less와 호응할 수 있는 than이 알맞다.

「한 주간지의 후원을 받은 그 조사에 참여한 좀 더 어린 학생들은 더 나이가 든 학생들보다 집 없는 사람들(노숙자들)에 대한 심각한 문제에 대해 덜 염려하고 있는 것으로 드러났다.」

9 in retrospect 뒤돌아보아(보면), 회상하면 take in ~을 속이다(=deceive, cheat, play a trick on) real estate agent 부동산 중개인

① ~을 세심하게 조사하다, 점검(검사)하다

② ~을 속이다, 기만하다

③ ~을 존경하다(=respect, look up to, admire, esteem)

④ (남)을 즐겁게 하다, 기쁘게 하다

「되돌아보니, 나는 변덕스러운 어투로 말하던(어투를 가진) 그 부동산 중개업자에게 속았다.」

10 substantial (양 · 크기가) 상당한 the number of ~의 수 working 일하는, 노동에 종사하는 childcare 어린이 양호(보육), 육아(育兒) factor into (계획 · 예산 따위에서) ~을 고려하다(=factor in) administration 행정 기관, 정부, 경영 policymaking 정책 입안(수립) lead to (어떤 결과)에 이르다 poll 여론 조사, 투표, 선거

① ~을 참작하다, 고려하다

② ~을 줄이다, 축소하다

③ ~을 대신하다, 대용하다

④ ~을 제외하다, 배제하다

「근로 주부 수의 상당한 증가는 여론 조사에서 예상치 못한 결과를 가져온 주된 이유들 중 하나였는데, 그들의(근로 주부들의) 육아를 위한 비용이 정부의 정책입안에 고려되지 않았다.」

11 traditional 전통적인 nuclear family 핵가족 biological 핏줄이 같은, 실제의, 생물학적인 arrangement 배합, 결합, 배치   out of wedlock 서출(庶出)의, 사생아의 (=illegitimate) widow ~을 과부가 되게 하다

out of는 '범위 밖의, 이탈하여'라는 부정적인 의미를 가지고 있다. 따라서 부정의 접두사를 가진 ②를 정답으로 유추할 수 있다. 또한 밑줄 다음의 문장이 이유를 나타내므로. 이유는 앞 문장을 보충·부연 설명하게 되어 이 문장을 읽어도 정답을 유추할 수 있다. '그녀의 부모가 결코 결혼을 하지 않았다.'라는 내용이 뒤에 이어진 것으로 정답을 찾을 수 있다.

① 돈 많은, 부유한
② 서출(庶出)의, 사생의(=out of wedlock)
③ 이혼한, 분리된
④ 신체(정신)적 장애가 있는

「Jesse와 Rachel이 결혼을 했을 때, 그들은 자신들이 전통적인 핵가족, 즉 어머니, 아버지, 친자녀로 살기를 원한다는 것을 알았다. 그들 각자 다른 가정의 배합(구성)의 출신이었으며 그들은 보다 전통적인 배합 관계가 자신들이 원하는 것이라고 결심했다. Rachel은 사생아였다. 그녀의 부모님은 (합법적으로) 결혼한 적이 없었기 때문에, 그녀는 자신의 생부를 만나본 적이 없었다. Jesse의 어머니는 과부로 살아 왔다. 그의 아버지가 일찍 돌아가신 것이 Jesse에게는 대가족을 가지고 싶어하게 했다.」

12 quack 돌팔이 의사, 엉터리 치료를 하다 alternative 양자택일, 대안 victim 희생자, 피해자
① 의대생들에게 더 많은 훈련이 제공되어야 한다.
② 대안적인 의약품이 큰 도움이 될 수 있다.
③ 의료사기의 피해자가 되는 것을 스스로 방지하자.
④ 어떤 경우는 며칠 동안 의사에게 진료 받는 것을 피하는 것이 좋다.

「점점 더 많은 사람들이 의사를 외면하는 대신, 의학에 관한 훈련을 하지 않고 검증되지 않은 치료를 행하는 사람들에게 가고 있다. 그들은 감기부터 암까지 모든 것을 치료받기 위해 돌팔이 의사에게로 간다. 그리고 그들은 위험한 상황에 처하게 된다. 많은 사람들은 검증되지 않은 치료가 얼마나 위험한지를 실감하지 못한다. 무엇보다도 그 치료는 대개 효과가 없다. 그 치료법들이 해롭지 않을지 몰라도 누군가가 검증된 치료 대신 이런 방법을 사용한다면 그 사람은 해를 입게 될지도 모른다. 왜? 왜냐하면 그 사람이 그런 방법을 사용하는 동안 그 사람의 병이 더욱 악화될지도 모르기 때문이다. 이것은 심지어 그 사람을 죽게 만드는 원인이 될 수도 있다.」

13 구체적으로 업무능력이나 안전운전을 방해하는 부작용의 내용을 찾는다.

「많은 사람들이 겨울에 감기나 기침으로 고생한다. 증상을 완화시킬 수 있고 대중적으로 쉽게 구할 수 있는 약들이 많이 있다. 그러나 그 약들은 또한 어떤 부작용을 일으킬 수 있다. 구체적으로 그것들로 인해 졸립거나 반사능력이 느려질 수 있다. 이것은 당신의 업무능력과 안전운전을 방해한다. 또한 어떤 사람들은 이 약들로 인한 위장장애를 호소한다. 의사들은 약을 복용하기 전에 항상 지시사항을 꼼꼼히 읽어 볼 것을 제안한다.」

14 gender 성, 성별 reflect 나타내다 command 지휘하다, 명령하다 influence 영향, 설득 direct 지시하다 bossy 으스대는   emphasize 강조하다, 역설하다 improve 개선하다, 이용하다
① 개인적인, 사교적이지 않은
② 교양적인, 인격적이지 않은
③ 자발적인, 강제적이지 않은
④ 일시적인, 영구적이지 않은

「학자들은 아이들이 행동하는 동안 사용하는 언어를 바탕으로 성별에 차이점이 나타나는 것을 발견하였다. 남자아이들은 종종 서로 서로 이야기를 할 때 명령하는 듯한 말투를 사용한다. 예로 한 소년이 대장이 될 때 그는 "너희들 먼저 가라. 나를 위해 기다리지 마라."라고 말하였을 것이다. 다른 소년들의 지휘자와 같이 그는 하려는 것을 정확하게 그들에게 지시한다. 그러나 한 소녀가 친구들을 설득하길 원할 때 소녀는 명령어을 사용하는 대신 다른 표현 방식을 사용한다. 소녀는 "이 방법을 우리 함께 노력해보자. 이것을 하자."라고 말할 것이다. 이것은 소녀가 으스대지 않고 다른 소녀들에게 지시하기 위해 노력하는 방법이다. "우리 ~하자"의 형태를 사용함으로서 소녀 역시 같은 그룹에서 모든 소녀들에게 그 의미를 강조하는 것이다. 이런 차이점들은 주어진 문화와 성에 따른 규율을 따르면서 성장해 온 부분을 보여준다. 만약 남자와 여자가 차이점이 많은 것을 자발적으로 이해하려 한다면 그들의 관계는 개선될 수 있을지도 모른다.」

15 「근육은 육체가 움직일 때 열을 발생시킨다. 그러나 육체가 쉬고 있을 때는 내장의 대사활동에 의한 것 이외에는 열은 거의 발생되지 않는다. 사실 내장은 대부분의 체열의 출처이다. 예를 들어 간장 같은 기관의 온도는 전체적인 체온보다 훨씬 높다. 혈액은 열을 내장에서 폐와 피부로 옮겨가고 그런 다음에는 호흡을 통해서 폐가, 또 공기와의 접촉을 통해서 피부가 열을 방출하게 된다.」

16 sought-after 수요가 있는, 인기 있는 nationwide 전국적인 private 사유의 contemporary 동시대의 contrary to ~에 반해서 expectation 예상 independent 독립된 rather 꽤, 상당히 represent 대표하다 paradigm 전형적인 예 interact 소통하다 commit 저지르다, 자살하다, 약속하다 retain 유지하다 permanent 영구적인 exhibit 전시하다 end up 결국 처하게 되다 storage 저장, 보관 as opposed to ~와는 대조적으로

① 많은 박물관들이 Brudney씨의 수집품을 갖기를 원한다.

② Brudney씨는 그의 수집품을 박물관에 주기보다 유지하기로 선택했다.

③ Brudney씨는 그의 수집품들이 많은 사람들에게 이용가능하기를 원한다.

④ Brudney씨는 박물관들의 영구적인 기반 위에서의 전시를 신뢰할 수 있다고 생각한다.

「백만장자 Brudney씨는 약 2,000개의 근대와 현대의 예술 작품에 대한 개인적인 수집품 때문에 전국적인 박물관에 의해 가장 인기 있는 사람 중에 한 명이다. 그러나 이러한 박물관들의 기대와는 대조적으로 그는 어떤 예술 작품을 넘겨주기보다는 박물관에 대여를 하는 독립된 재단 안에서 그의 작품들에 대한 영구적인 통제를 유지하기로 결심했다. 그는 그것이 일반적으로 박물관들이 예술품을 수집하고 서로 상호작용을 하기 위한 방법에 상당히 새로운 패러다임을 나타낸다고 말했다. 어떤 박물관도 그 작품들의 많은 비율을 영구적으로 전시하는 것을 약속하지 않을 것은 분명하다. "나는 결국 그것이 우리의 지하실이나 어느 누군가의 지하실에서 보관되게 되는 것을 원하지 않는다. 그래서 나는 수집가로써 말하고 있다. '만약 당신이 그것을 보여주고자 않다면, 그것을 당신에게 주거나 그것이 겨우 10~20%만 보여 지거나 또는 보여 지지 않아서 우리가 불행해지는 것과 달리 당신이 그것을 원할 때 단지 우리가 당신에게 이용할 수 있게 하는 것이 어떤가?'」

17 「때때로 내게 행복한 시간에 대한 아름다운 환상이 떠오르는데 그 때는 맨하탄이 느리게 움직일 것이고 미국인이 동양의 한가로운 사람이 된 경우이다. (대부분의 미국 성인은 학창시절의 습관대로 생활을 계획한다) 경찰관들은 교차로에서 당신에게 인사말을 나눌 것이다. 그리고 운전자들은 멈추어서 서로 말을 건네며 날아가는 기러기 떼에 대해서 이야기를 나눌 것이다. 간이식당 등은 사라질 것이고 사람들은 카페에서 온통 오후를 즐기는 방법을 배우게 될 것이다.」

※ 【18~20】

invoke 빌다, 호소하다 proper 적당한, 적절한 conclude 끝내다, 결론짓다 oppose ~에 반대하다 clarified 명백하게(뚜렷하게) 하다 determine 결심하다, 결정하다 dominance 우월, 지배

「그들의 입장이 무엇이건 열렬한 지지자들은 각 성의 적절한 역할에 대한 그들의 생각들을 지지하기 위해서 다른 문화들로부터 예들을 끌어와 호소한다. 많은 사회에서 여성들이 분명히 남성에 보조적이기 때문에 어떤 전문가들은 자연의 양상은 남성이 지배하는 것이라고 결론을 내린다. 그러나 세마이 부족 가운데에서는 아무도 다른 사람에게 명령할 권한이 없고, 서아프리카에서는 여성들이 대체로 추장이다. 이런 사회에서 여성의 위치는 만약 자연적 질서가 있다면 많은 다른 조정들을 위해서 만들어진 성 역할이 고정되어 있지 않다는 것을 믿는 사람들의 주장을 지지한다. 그 논쟁은 그 반대하는 편들이 세계의 문화들로부터 예들을 가져다 서로에게 지적인 돌멩이처럼 던지는 한 결코 해결되지 않을 것이다. 그러나 남성과 여성 행동에 있는 생물학적 차이들의 효과는 인간 사회의 최초의 형태들의 알려진 예들을 보고, 기술, 사회조직 그리고 성 역할 사이의 관계를 고찰함으로써 명료하게 될 수 있다. 문제는 그 안에서 남성지배의 다른 정도들이 발견되는 그 조건들을 결정하는 것이다.」

18 'in many societies'라고 밝히고 있으므로 여성이 남성에게 복종적이라는 것을 나타내는 단어를 선택한다.

① ~에 보조적인, 부차적인

② 존재하는, 존립하는

③ 비밀의, 공정하지 않은

④ 저체중인, 중량부족인

19 arrangement 조정, 협정 superior 뛰어난, 보다 나은 'sex roles are not fixed~'와 순접관계에 있는 절을 찾는다.

20 성 역할에 대한 논쟁에 대해 설명하고 있다.

공무원시험/자격시험/독학사/검정고시/취업대비 동영상강좌 전문 사이트

공무원	9급 공무원 관리운영직 일반직 전환	서울시 기능직 일반직 전환 사회복지직 공무원	각 시·도 기능직 일반직 전환 우정사업본부 계리직	교육청 기능직 일반직 전환 서울시 기술계고 경력경쟁
기술직 공무원	물리 기술계 고졸자 물리/화학/생물	화학	생물	
경찰·소방공무원	소방특채 생활영어	소방학개론		
군 장교, 부사관	육군부사관 공군 학사사관후보생	공군부사관 공군 조종장학생	해군부사관 공군 예비장교후보생	부사관 국사(근현대사) 공군 국사 및 핵심가치
NCS, 공기업, 기업체	공기업 NCS 국민건강보험공단	공기업 고졸 NCS 국민연금공단	코레일(한국철도공사) LH한국토지주택공사	한국수력원자력 한국전력공사
자격증	임상심리사 2급 국어능력인증시험 텔레마케팅관리사 신변보호사	건강운동관리사 청소년상담사 3급 사회복지사 1급 전산회계	사회조사분석사 관광통역안내사 경비지도사 전산세무	한국사능력검정시험 국내여행안내사 경호관리사
무료강의	국민건강보험공단 사회복지직 기출문제 한국사능력검정시험 백발백중 실전 연습문제	사회조사분석사 기출문제 농협 인적성검사	독학사 1단계 지역농협 6급 한국사능력검정시험 실전 모의고사	대입수시적성검사 기업체 취업 적성검사

서원각 www.goseowon.co.kr
QR코드를 찍으면 동영상강의 홈페이지로 들어가실 수 있습니다.

서원각

자격시험 대비서

핵심이론 〉	출제예상문제 〉	온라인강의 제공

임상심리사 2급

건강운동관리사

사회조사분석사 종합본

사회조사분석사 기출문제집

국어능력인증시험

청소년상담사 3급

관광통역안내사 종합본